W0039255

8 JAHRE FIEBER

Ein Buch von Mut und Hoffnung

Peter Kürsteiner und Thomas J. Lindemann

8
Jahre
Fieber

Ein Buch von Mut und Hoffnung

GENUIN-Verlag

Peter Kürsteiner und Thomas J. Lindemann
8 Jahre Fieber. Ein Buch von Mut und Hoffnung
Deutsche Erstausgabe 2014
GENUIN-Verlag
Kürsteiner & Lindemann GbR
Bergstraße 98, 61118 Bad Vilbel

Alle Rechte dieses Werks liegen bei den Autoren

Umschlaggestaltung: Thomas J. Lindemann
Umschlagabbildung: Stefan Körber - Fotolia.com
Lektorat: Sonja Hinte
Herstellung: Beltz Bad Langensalza GmbH,
Am Fliederhorst 8, 99947 Bad Langensalza

ISBN 978-3-981-66890-2

www.genuin-verlag.de
www.8jahrefieber.de

Für Vanessa und Beate

Inhalt

Vorwort.. 9

Arne Schröder: 8 Jahre Fieber.................................. 11
Seltene Krankheiten und ihr Weg zur Diagnose...................... 19

Ingrid Green: Die kriegen mich nicht!....................... 23
Hoffnung und Heilmöglichkeiten von Krebs 30

Thorsten Kaufmann: Zur falschen Zeit am falschen Ort...... 37
Zufall oder Schicksal?.. 48

Ute Steinheber: Von der Tarnkappe befreit.................. 53
Depressionen, Früherkennung und Strategien 63

Matthias Onken: Bis nichts mehr ging....................... 69
Die Erfolgsfalle.. 74

Kurt Müller: Endlich frei...................................... 79
Kraft durch Glück und Lebensmut............................. 84

Lothar Tenbensel: Mit 360 Tabletten nach Italien............. 89
Wege aus der Lebenskrise...................................... 95

Peter Ruppert: Suizid auf Raten............................. 101
Hintergründe der Sucht und Auswege 107

Birgit Kober: Mehr wert als Gold 113
Die Ethik und Moral des Verzeihens 121

Nina Wortmann: Steh zu dir 125
Entspannter Umgang mit Menschen mit Behinderung 133

Andreas Weber: Mit Kraft und Liebe.................................. 137
Herausforderungen im Umgang mit Menschen mit
sonderpädagogischem Förderbedarf.................................. 145

Bernd Schiemann: Der Weg raus.................................... 151
Scientology und Sektenausstieg.................................... 157

Christa Maar: Nach der Trauer die Kraft 163
Trauerarbeit und Trauerbewältigung................................ 171

Jochen Wollmert: Fair geht vor.................................... 175
Fair handeln und sich gegen Unfairness wehren.................... 184

Wolfgang Hock: Mit Zorn und Zärtlichkeit...................... 189
Dr. Ruediger Dahlke: Lebenskrisen als Entwicklungschance... 198

Epilog... 203

Vorwort

Was steckt in diesem Buch?

Manchmal fordert uns das Leben heraus. Eine schwere Krankheit oder unerwartete Schicksalsschläge bestimmen plötzlich unseren Alltag und den unserer Angehörigen. Dann müssen Herausforderungen gemeistert werden, an die wir nie zuvor gedacht haben, sodass wir uns überfordert fühlen.

In diesem Buch haben wir authentische Geschichten von ausgewählten Personen, die eine große Herausforderung bewältigt haben, zusammengestellt. Eine schwere Krankheit, Verletzungen, Behandlungsfehler, Behinderungen, Schicksalsschläge, die Verwicklung in eine Schießerei oder gar der Verlust eines Kindes – in den 15 ausgewählten Geschichten ergänzen sich die Themen inhaltlich.

Alle Protagonisten haben einen besonderen, einen eigenen Weg beschritten, um ihre Herausforderungen zu meistern. Letztendlich haben sie alle aus dem Tal herausgefunden. Viele von ihnen gestärkt, an ihren Aufgaben gewachsen und teilweise dankbar über die unerfreulichen Ereignisse. Manchmal braucht es eben 8 Jahre Fieber, um zu erkennen, wie wertvoll das Leben ist. Statt Groll über das Erlebte zu hegen, haben die Protagonisten Frieden gefunden. Mehr noch: Sie alle spenden mit ihren Geschichten Mut und Hoffnung, sie sind positive Beispiele, aus denen jeder Kraft schöpfen kann. Mut und Hoffnung sind der gemeinsame Nenner aller Beiträge dieses Buchs. Die zentralen Themen der einzelnen Geschichten reichen von „Durchhalten", „Zuversicht bewahren" über „Besinnen" bis hin zum „Verzeihen" von Fehlern anderer. Eine besondere Einstellung ist den sonst sehr unterschiedlichen Personen gemein. Sie alle haben nicht aufgegeben, sondern nach vorn geblickt und die Zuversicht nie verloren. „Resilienz" nennen die Fachleute dieses Verhalten. Es ist die Fähigkeit, mit Veränderungen umzugehen und daran zu wachsen.

Das Buch richtet sich an alle, die mitten im Leben stehen. Selbstverständlich auch an diejenigen, die gerade eine akute Herausforderung meistern müssen und an deren Angehörige.

Die Reihenfolge der Beiträge folgt einer inneren Logik, sie können aber auch einzeln und unabhängig voneinander gelesen werden. An die Geschichten schließt sich jeweils ein Fachkommentar an, der die individuellen Erfahrungen in einen wissenschaftlichen Kontext einordnet. Die Experten geben wertvolle Hinweise und zeigen auf, wie unsere Haltung und unser Verhalten unser Leben maßgeblich beeinflussen können. Abgerundet werden die Beiträge durch Literaturempfehlungen und Adressen von Beratungsstellen.

Manchmal können Dritte maßgebliche Unterstützung und Hilfestellung leisten. Damit halten Sie einen ganz besonderen biografischen Impulsgeber in der Hand.

Den Abschluss des Buchs bildet die Geschichte Josef Otters, der eine Stiftung gründete und an dessen Beispiel deutlich wird, was ein Mensch bewirken kann. Unglaublich. Wir wünschen Ihnen alles Gute und wertvolle Erkenntnisse.

Peter Kürsteiner & Thomas J. Lindemann

Arne Schröder: 8 Jahre Fieber

*Gesundheit nach 8 Jahren Fieber und seltener Krankheit
mit vielen Fehldiagnosen*

Als Arne Schröder das erste Mal eine Häufung der Fieberschübe bemerkte, war er 33 Jahre alt. Er lebte in Frankfurt,
hatte eine Freundin und führte ein aktives Leben. Die wieder-
kehrenden Fieberschübe schob er auf die Grippe, die fast jedes
Jahr viele Menschen für ein paar wenige Tage krank machte. Es
sollte die größte Fehleinschätzung seines Lebens werden.

„Als sich die Fieberschübe nicht besserten, sondern schlimmer wurden, habe ich natürlich diverse Ärzte aufgesucht",
erzählt er. „Aber niemand wusste eine Lösung." Arne Schröder
versuchte, mit dem Fieber zu leben. „Ich hatte mir Hilfe ge-
sucht, aber keine gefunden. Also war mein Part damit erledigt.
Jetzt musste ich mit der Situation klarkommen. Jedenfalls dachte ich damals so."

Aber auch nach einem Jahr besserte sich sein Zustand nicht.
Auch nicht nach zwei Jahren. Die Fieberschübe kamen häufiger
und das Fieber stieg höher. Arne Schröder konnte das Fieber
nicht länger ignorieren. Er startete einen zweiten Anlauf. Die
Deutsche Klinik für Diagnostik, an der zahlreiche Ärzte aus
verschiedenen Bereichen tätig sind, sollte eine Diagnose stellen.
An sechs Tagen in Folge wurde Arne Schröder von verschiedenen Fachärzten untersucht.

Als er schließlich die Ergebnisse in der Hand hielt, konnte er
es zunächst nicht glauben. Keiner der Ärzte hatte eine eindeu-
tige Diagnose stellen können. Die Ursache für seine ständigen
Fieberschübe, die ihn zermürbten? Sie wussten es nicht.

„Dies war eine der größten Prüfungen für meine Hoffnung. Denn wenn es die geballte Macht der Klinik für Diagnostik nicht wusste, wer wusste es dann?"

Erneut versuchte Arne Schröder mit den Fieberschüben klarzukommen. Er wusste nicht, an wen er sich noch hätte wenden sollen. Ständig trug er ein Fieberthermometer bei sich, denn er wollte beobachten, wie sich das Fieber entwickelte. „Irgendwann konnte ich es vorhersagen. Ich spürte das Fieber, ich schätzte 38,5 Grad und maß nach. Es stimmte fast immer." Er hätte gerne auf diesen Triumph verzichtet.

Doch so sehr Arne Schröder versuchte, über das Fieber hinweg zu sehen, die Auswirkungen konnte er nicht leugnen. Mit 36 Jahren spürte er, dass sein Körper nicht ewig so weitermachen konnte. Zwar sah man es ihm nicht sofort an, doch das Fieber zehrte ihn aus. Arne Schröder war häufig müde, ihm fehlte die Kraft, morgens früh aufzustehen. Mit 37 Jahren musste er seine Arbeit aufgeben. In der Zwischenzeit verschlechterte sich sein Zustand zusehends. Die Fieberschübe kamen fast täglich und fesselten ihn immer öfter ans Bett. Es musste etwas passieren. Er spürte, dass er sonst sterben würde.

„Es war ein Wechselspiel zwischen dem Versuch, die Krankheit herunterzuspielen, um überhaupt damit leben zu können, und der Angst, dass in wenigen Jahren Schluss sein könnte", erinnert er sich. Er versuchte es mit alternativen Methoden, suchte Privatheiler auf, die ihn viel Geld kosteten. Er versuchte es mit Homöopathie, mit Akkupunktur. Er griff nach jedem Strohhalm. Ihm wurde geraten, früh aufzustehen. Er versuchte es. Er solle all sein Gemüse zerkochen. Er tat es. Aber letztlich ließ sich das Fieber damit nicht aufhalten. Seine Hoffnung verlor er trotz allem nicht.

„Ich hatte alles versucht, ich wusste nicht, an wen ich mich noch wenden sollte. Aber mir reichte es. Wenn sich die Krankheit schon nicht aufhalten ließ, dann wollte ich die Zeit, die mir noch blieb, wenigstens genießen." Arne Schröder bemühte sich, nicht unterzugehen. Man sagte ihm, er solle mit dem Rauchen aufhören. Aber er rauchte gern, und so tat er es trotzdem. Er ging mit Freunden abends weg, verbrachte Zeit mit seiner Freundin. Er besorgte sich Tabletten, die das Fieber eindämmen konnten. Und er legte sich eine dicke Daunenjacke zu. Die Blicke, die er erntete, wenn er im Sommer mit der Daunenjacke durch die Stadt lief, interessierten ihn nicht. Denn sie half gegen die Kälte, die das Fieber hervorrief, gegen das Frösteln.

Das Fieber verschlimmerte sich weiter. Mit 38 Jahren hatte Arne Schröder zwei dicke Aktenordner voller Fehldiagnosen gesammelt. Er wünschte sich einen fieberfreien Tag. Er wünschte sich die Gesundheit, die so viele Menschen hatten, aber nicht zu schätzen wussten.

Das Fieber machte ihm das Leben zusehends schwerer. Zu den Fieberschüben, Schweißausbrüchen und der Kälte gesellten sich Nächte, die zu ständigen Alpträumen wurden. Arne Schröder besorgte sich eine Wärmedecke. Immer häufiger wachte er schweißgebadet auf und musste die Bettlaken täglich wechseln. Seiner Freundin wurde es zu viel. Sie fuhr in Urlaub, aber sie fuhr ohne ihn.

Arne Schröder wusste, dass seine Beziehung in die Brüche ging, doch er vermochte es nicht zu verhindern. Er erinnert sich daran, wie ein Kühlschrank ausgetauscht werden musste. „Ich konnte nicht mehr beim Tragen helfen. Wir mussten meinen Bruder um Hilfe bitten. Ich verurteile meine damalige Freundin nicht dafür, dass sie die Hoffnung verloren hat. Letztendlich hat es das aber nicht einfacher für mich gemacht." Arne

Schröder selbst verlor die Hoffnung nicht, doch sie wurde ein ums andere Mal auf eine harte Probe gestellt. Er versuchte sich mit Tabletten über Wasser zu halten. Und er suchte weiter nach einer Lösung – denn die musste es geben. Doch wie viel Zeit würde ihm noch bleiben?

Sechs Jahre, nachdem das Fieber begonnen hatte, rief ein Freund an und erzählte ihm von einer homöopathischen Klinik. Arne Schröder erinnert sich noch gut daran. „Ich hatte es mit der Homöopathie eigentlich schon versucht. Aber diese Klinik war eine Spezialklinik. Ich ließ mich darauf ein, ich hatte noch Hoffnung." Die Klinik war so teuer, dass Arne Schröder finanzielle Hilfe benötigte. Seine Mutter griff ihm unter die Arme und auch ein eigens für diesen Zweck eingerichteter Fonds der Klinik steuerte Mittel bei.

Aus den ursprünglich geplanten zwei Wochen Aufenthalt wurden drei. Fast täglich sprachen die Homöopathen mit Arne Schröder und wollten allerlei Details wissen, um das richtige Mittel zu finden. Ständig wurde die Zusammensetzung der Mittel verändert, doch während des gesamten Aufenthalts änderte sich an Arne Schröders Zustand nichts. „Am Ende der Behandlung versicherte man mir, dass das richtige Mittel gefunden worden sei. Ich sollte noch einige Tage warten", erzählt er. Die Homöopathen behielten Recht. Einige Wochen nach der Behandlung in der Klinik war Arne Schröder fieberfrei.

„Nach vielen Jahren bekam mein Körper endlich die Ruhe, die er benötigte. Doch die Homöopathie kann nur die Symptome bekämpfen. Die Ursache des Fiebers wurde ja nicht gefunden. Und das machte sich bald bemerkbar."

Arne Schröders Blutwerte verschlechterten sich drastisch. Wenige Monate nach der ersten homöopathischen Behandlung konnte er dies nicht mehr ignorieren. Zwar nahm er die Mittel, die sein Fieber effektiv bekämpfen konnten, regelmäßig ein, doch wurde ihre Wirkung durch andere Medikamente beeinträchtigt. Als Arne Schröder aufgrund der kritischen Blutwerte behandelt werden musste, kam das Fieber mit einem Schlag zurück und erreichte neue Höchstwerte. Sein Körper wehrte sich gegen die Krankheit, die noch immer in ihm war. Und diese Abwehr raubte ihm fast all seine Kraft.

„Dies war der größte Tiefpunkt im Krankheitsverlauf. Meine Freundin hatte mich verlassen, ich hatte die Fieberfreiheit vor Augen, aber ich musste sie gegen einen Preis eintauschen, den mein Körper nicht bezahlen konnte", erinnert sich Arne Schröder heute.

Hatte das Fieber ihm in den vergangenen Jahren nur langsam die Kraft geraubt, so schränkte es ihn nun schneller ein. Mit 40 Jahren konnte Arne Schröder kaum noch Treppen steigen. Das Fieber griff nun auch seine Gelenke an. An manchen Tagen konnte er nicht laufen, an anderen einen Arm kaum bewegen. Verzweifelt suchte er nach einer Lösung. Er wollte die Hoffnung nicht aufgeben, dass es eine Rettung gab. Doch die Zeit lief ihm davon.

Arne Schröder erzählt, dass er trotz allem weitersuchte. Er glaubte nicht, dass seine Krankheit unbekannt war. Sie musste einfach nur richtig diagnostiziert werden. Er raffte sich immer wieder auf und stieß schließlich auf eine Klinik für Autoimmunerkrankungen. „Ich war inzwischen schon einiges gewöhnt. Die Ärzte waren teilweise sehr unsensibel. Aber was man mir dort sagte, da musste ich erst einmal schlucken", erzählt Arne Schröder, als er von der Klinik spricht. Er wurde untersucht und wieder wurde zunächst keine Ursache gefunden. Eine vorgeschlagene Methylenblaubehandlung lehnte er ab. Im Laufe der vergangenen 8 Jahre hatte er schon zu viele dieser Behandlungen durchgemacht.

„Der zuständige Arzt ergänzte dann noch, dass es auch eine spezielle, sehr seltene Krankheit sein könnte. Dann fügte er hinzu: ‚Aber diese Krankheit wünsche ich Ihnen nicht‘ und ging.“ Kurz darauf stürmte dann ein anderer Arzt ins Zimmer und teilte Arne Schröder mit, dass ungewöhnliche Raumforderungen unter der Bauchdecke festgestellt wurden. Erneut wurden Proben genommen und neun Tage später lag eine Diagnose vor. Und mit ihr kam der Segen.

Die Raumforderungen waren auf eine Morbus Whipple genannte Erkrankung zurückzuführen, an der jährlich nur etwa zweitausend Menschen erkranken. Weltweit. Morbus Whipple ist eine systemische Infektionskrankheit, die neben dem obligat betroffenen Darmsystem verschiedene andere Organsysteme befallen kann. In den meisten Fällen verläuft sie ohne Behandlung tödlich. Die Raumforderungen verrieten sie. Zwar waren auch im Verlauf der vergangenen Jahre schon mehrmals diese Raumforderungen festgestellt worden, aber sie waren zu klein gewesen, um sie als mögliche Ursache in Betracht zu ziehen. Erst als die Krankheit ihren Zenit erreichte, wurden sie groß genug, um die Diagnose stellen zu können.

Arne Schröder wurde mit Antibiotika behandelt. Im Laufe der nächsten Tage ging das Fieber spürbar zurück, nach 3 Wochen war es komplett verschwunden. Auch seine Blutwerte stabilisierten sich. „Es ist das passiert, was ich manchmal kaum zu träumen gewagt habe: Die Diagnose einer Krankheit, die nicht nur vollständig heilbar ist, sondern auch keine bleibenden Schäden verursacht. Meine Hoffnung war nicht vergebens.“

Nach 8 Jahren Fieber ist Arne Schröder heute nun fieberfrei. Wenn er an die Wärmedecke denkt, die in der Nacht die Kälte vertreiben sollte, läuft ihm noch heute ein kalter Schauer über den Rücken. Aber die Freude überwiegt. Arne Schröder kann die Vergangenheit nicht umschreiben, es ändert nichts, wenn er zurückblickt. Er hat die letzten 8 Jahre nicht verloren, sondern er hat sich durch seine Hoffnung und die hartnäckige Suche nach der richtigen Diagnose ein ganzes Leben geschenkt.

Er erinnert sich an die Worte seiner Mutter, die er nie vergessen wird: „Früher sagte sie mir, ich sei etwas ganz Besonderes. Ich war etwas Besonderes, und ich habe es gehasst. Ich habe meinen Körper gehasst für das, was er mir angetan hat. Heute weiß ich es besser." Denn dass Arne Schröder diese Krankheit und das Fieber überlebt hat, ist nicht normal. Dass er keine bleibenden Schäden davongetragen hat, grenzt an ein Wunder. „Heute liebe ich meinen Körper. Er hat so lange ausgehalten, bis die richtige Diagnose gefunden wurde."

Arne Schröder hat eine neue Freundin gefunden. Eine, die zu ihm gestanden hätte, wie er glaubt. „Die Krankheit hat mir gezeigt, dass es sich lohnt, an der Hoffnung festzuhalten. Äußerlich sah ich bis zuletzt gesund aus. Meine Freunde glaubten, ich sei ein Hypochonder. Als sie davon hörten, dass ich dem Tod von der Schippe gesprungen bin, waren sie geschockt."

Heute hat er einen anderen Blick auf das Leben. Er freut sich über jeden Tag. Er denkt nicht an die Zeit, die ihm die Krankheit genommen hat, sondern an das, was vor ihm liegt. Er hat sie sich erkämpft. Arne Schröder erzählt, dass er sich selbst über eine normale Grippe freue. Er genieße das Wissen, dass das Fieber wenige Tage später wieder abklingen würde. Auf die Frage, ob er etwas aus der Krankheit gelernt habe, lacht er nur. „Ich habe so viel gelernt. Ich habe gelernt, mein Leben zu schätzen. Ich habe gelernt, dass nicht alle Ärzte die Weisheit mit Löffeln gegessen haben. Ich lebe. Das habe ich meinem Körper zu verdanken, aber auch dem Umstand, dass ich weitergemacht habe. Und meiner stetigen Hoffnung."

Arne Schröder liebt sein neues Leben. Er lebt glücklich mit seiner Freundin zusammen, hat in seinen Beruf zurückgefunden und treibt regelmäßig Sport. „Erst wenn einem etwas weggenommen wird, erkennt man seinen wahren Wert. Ich kann mir nichts Schöneres vorstellen, als morgens aus trockenen Laken aufzustehen und festzustellen, dass ich die ganze Nacht durchgeschlafen habe."

Seltene Krankheiten und ihr Weg zur Diagnose

Fachinterview mit Lisa Biehl, stellvertretende Geschäftsführerin der Allianz Chronisch Seltener Krankheiten

Wie konnte es dazu kommen, dass Arne Schröder 8 Jahre lang auf die richtige Diagnose warten musste? Und was kann man tun, um die Hoffnung nicht aufzugeben? Wir fragen Lisa Biehl, stellvertretende Geschäftsführerin der Allianz Chronischer Seltener Erkrankungen e.V. – kurz ACHSE. Die Organisation setzt sich für Menschen mit seltenen Erkrankungen ein, berät Betroffene und ihre Angehörigen. Sie verleiht den „Waisen der Medizin" eine Stimme und unterstützt Betroffene bei der Suche nach der richtigen Diagnose, etwa durch die Vermittlung an fachspezifische Netzwerke, durch optimale Vorbereitung auf Arztbesuche oder die Erstellung eines detaillierten Krankheitsverlaufs.

„Menschen wie Arne Schröder sind kein Einzelfall", sagt Lisa Biehl. Viele, die sich an die ACHSE wenden, beschreiben einen ähnlichen Verlauf. Die Suche nach der richtigen Diagnose kann ein steiniger Weg sein, der über Kliniken, Akten, Fehldiagnosen und neue Ideen und Ansätze, die sich letztlich als falsch herausstellen, führt. Seltene Erkrankungen wie Morbus Whipple sind kaum bekannt, Experten gibt es nur wenige. Hinzu kommt, dass kein Arzt alle existierenden Erkrankungen kennen kann – dafür gibt es mit über 6000 seltenen Erkrankungen zu viele. Seltene Erkrankungen äußern sich häufig als komplexe Krankheitsbilder und verlaufen nicht immer gleich – das macht eine Diagnose schwierig. Häufig sind es die Patienten, die den roten

Faden in der Hand und den Überblick behalten müssen, indem Arztbesuche gut vorbereitet werden.

Aber auch die Ärzte sollten in die Pflicht genommen werden. Nicht selten fällt es ihnen schwer, zuzugeben, keine Diagnose stellen zu können. Bei Diagnoseverfahren und dem Umgang mit Fehl- und Verdachtsdiagnosen ist ein Umdenken notwendig. Ärzte sollten für seltene Krankheiten stärker sensibilisiert werden und im Bedarfsfall weitere Kollegen hinzuziehen. Dass das heute noch nicht die Regel ist, zeigt ein Beispiel anschaulich, von dem uns Lisa Biehl erzählt. Ein in einem Krankenhaus angestellter Arzt stieß bei der Diagnose einer Krankheit an seine Grenzen. Als er sich daraufhin an die ACHSE wenden wollte, um mit weiteren Experten in Kontakt zu treten, verbot ihm die Krankenhausleitung dieses Vorgehen. Zu groß war die Angst vor einem Imageschaden, da man das Problem nicht hatte hausintern lösen können. Auch Ärzte müssen zugeben dürfen, nicht weiter zu wissen. Die Gesellschaft einerseits und die Ärzteschaft andererseits müssen das akzeptieren.

Fehlschläge, Fehl- und Verdachtsdiagnosen sowie die Schwierigkeit, die Krankheit benennen zu können, machen es betroffenen Patienten schwer. Wie Arne Schröder dürfen auch andere Patienten, die an einer seltenen Krankheit leiden, nicht aufgeben – kein einfaches Unterfangen. Es gilt daher, die Ratsuchenden an die Hand zu nehmen, damit die Suche nach der richtigen Diagnose nicht zu einem jahrelangen Irrweg wird. Hier kann die ACHSE als Lotse fungieren, um diese Odyssee abzukürzen. Für viele seltene Krankheiten gibt es kein Heilmittel, keine Standardmethode, mit der die Krankheit bekämpft werden kann. Daher besteht zunächst das Ziel meist darin, der Krankheit einen Namen zu geben. Wegen der komplexen Krankheitsverläufe und Symptome kann dies sehr schwierig sein. Auch darum ist es wichtig, frühzeitig Hilfe zu bekommen. „Die Suche nach der richtigen Diagnose kann Detektivarbeit sein", sagt Lisa Biehl.

Viele Betroffene berichten, dass ihr Umfeld die Suche nach der richtigen Diagnose häufig nicht lange mitmacht. Vorschnell werden sie als Hypochonder und Simulanten abgetan. Die Folgen können fatal sein. Stattdessen sollten sie in ihrem Leid ernst genommen und unterstützt werden.

Die Situation Betroffener könnte sich in Zukunft verbessern. Im Jahr 2010 wurde das Nationale Aktionsbündnis für Menschen mit Seltenen Erkrankungen gegründet. Das Bundesgesundheitsministerium, das Ministerium für Bildung und Forschung und die ACHSE hatten zusammen mit 25 weiteren Akteuren die Aufgabe übernommen, binnen drei Jahren einen Nationalplan zu erarbeiten. Im August 2013 wurde dieser Plan der Öffentlichkeit vorgestellt. Er beinhaltet 52 Maßnahmen, mit denen die drängendsten Probleme von Menschen mit seltenen Erkrankungen und ihrer Angehörigen angegangen werden sollen. Neben dem Ausbau der medizinischen Versorgungsstrukturen, der Verbesserung der Forschung sowie der Bündelung von Kompetenzen, ist ein wichtiges Ziel die bessere Information von Ärzten und Patienten. Der Austausch zwischen Ärzten und anderen Experten soll gestärkt werden, damit bei betroffenen Menschen schneller eine verlässliche Diagnose gestellt werden kann. Um seltene Erkrankungen besser erkennen zu können, müssen alle an einem Strang ziehen. Wir Menschen sind keine Inseln – und bislang ist noch kein Meister vom Himmel gefallen.

Literaturvorschläge und Hinweise zu seltenen Krankheiten

Nicht nur für Betroffene, sondern ebenso für Interessierte und Angehörige bietet die Allianz Chronischer Seltener Erkrankungen umfangreiches Informationsmaterial und Unterstützung. Die Webadresse lautet www.achse-online.de

Die ACHSE hilft nicht nur Betroffenen und Angehörigen, sondern vernetzt auch Ärzte und Therapeuten miteinander.

Unter dem Stichwort *Was tut die ACHSE – Betroffene und Angehörige unterstützen* finden Sie weitere Kontaktmöglichkeiten.

Eine umfangreiche Datenbank zu seltenen Krankheiten, Erfahrungsberichten und weiteren Informationsquellen gibt es unter der Adresse www.achse.info.

Ingrid Green: Die kriegen mich nicht!

Genesung, Gesundheit und Lebensfreude nach Krebs und mehrmaligem Rückfall

Ingrid Green war 55 Jahre alt, als sie auf Sylt mit ihrem Freund und ihren beiden Kindern der Stunde null entgegenfieberte. Nicht nur sie, viele Menschen auf der ganzen Welt warteten gebannt auf das bevorstehende Millennium. Für viele stand das Jahr 2000 für einen Neuanfang. Für eine neue Ära. Für Fortschritt.

Auch Ingrid Green freute sich auf das kommende Jahr – wie jedes Jahr. Dass das Millennium für sie Schmerz und Angst bereithielt, wusste sie zu diesem Zeitpunkt nicht. Dass es ihr gleichzeitig aber auch Mut zur Hoffnung machen würde, hätte sie nicht zu träumen gewagt.

Wenige Tage nach Silvester bekam Ingrid Green Durchfall, Verstopfung und einen geblähten Bauch. Sie hielt es für eine Magenverstimmung. Die alljährliche Untersuchung beim Frauenarzt erbrachte hingegen eine andere Diagnose: Der Arzt vermutete bereits beim Abtasten der Bauchdecke einen Tumor. Ingrid Green ging dennoch weiterhin ihrer Arbeit als Chefsekretärin in einer großen Firma nach.

Ein Termin im UKE, dem Universitätsklinikum Hamburg-Eppendorf, brachte kurze Zeit später Klarheit. Nach zwei Tagen und etlichen Untersuchungen lag das Resultat vor: kolorektales Karzinom. Darmkrebs.

„Natürlich war das Ergebnis ernüchternd. Aber ich hatte keine Angst. Das Thema war mir noch viel zu fremd. Das erste, was ich tat, war meinen Schreibtisch aufzuräumen. Danach bin ich direkt ins Krankenhaus gegangen."

Im Krankenhaus kam dann doch Angst auf. Sie schlich sich ganz langsam ein. Je mehr Untersuchungen durchgeführt und Proben genommen wurden, desto größer wurden die Sorgen. Die Mitteilung, dass eventuell die Entfernung der Vagina notwendig werden könnte, gab der Angst zusätzliche Nahrung.

Als die Ergebnisse vorlagen, wurde operiert, um die unkontrollierten Zellwucherungen zu entfernen. Das erste, was Ingrid Green sah, als sie aus der Narkose aufwachte, waren ihr Freund und ihre beiden Kinder. Sie standen am Bett und hatten darauf gewartet, dass sie aufwacht. Sie wog zu diesem Zeitpunkt nur noch 35 Kilogramm.

„Ich hievte meinen Oberkörper hoch, ballte meine Hände zu zwei kleinen Fäusten und sagte: ‚Die kriegen mich nicht!'. Es war das erste, was ich sagte – und zugleich war es die tragende Botschaft während meines Krankheitsverlaufs. Und sie kriegten mich auch nicht", erzählt Ingrid Green. Während sie das sagt, ballt sie ihre Hände unbewusst erneut zu Fäusten. Die Kraft, die sie damals verspürt hat, ist immer noch da. Die Inbrunst, mit der sie den Kampf aufnahm, spendete auch ihrer Familie Trost. Ihre Vagina hatte Ingrid Green behalten können. Sie erzählt: „Ich glaube, man hat mir damals das Rüstzeug gegeben, diese Prüfung zu bestehen. Ich versuchte, alles positiv zu sehen. Einfach war das natürlich nicht. Als ich an mir herunter blickte, kam ich mir vor, wie auf einem Schlachthof."

Ingrid Greens Bauchdecke war geöffnet worden, die geklammerte OP-Wunde dominierte ihre Bauchdecke. Schläuche stachen aus der Haut hervor. „Ich hatte mich vorher noch nie damit beschäftigt. Ich wusste nicht, wie das aussieht. Der Anblick war wirklich gruselig."

Das Zimmer teilte sie sich mit anderen Patienten. „Eine der Patientinnen klagte über das immer gleiche Essen im Krankenhaus. Ich durfte gar nichts essen. Erst nach einigen Tagen bekam ich Astronautennahrung. Statt mich darüber zu ärgern, habe ich mich gefreut", erinnert sie sich.

Ingrid Green bekam einen künstlichen Darmausgang und wurde mit dessen Handhabung vertraut gemacht. Sie besuchte Gesprächsstunden, in denen Patienten mit ähnlichen Erkrankungen von sich erzählten und sich gegenseitig Kraft geben konnten. „Die meisten Patienten klagten. Ich habe den Darmausgang zu schätzen gelernt. Immerhin rettete er mein Leben. Wie man die Krankheit wahrnimmt, ist ein Stück weit auch Einstellungssache", berichtet Ingrid Green heute.

Die Situation annehmen zu können kam einem Geschenk gleich. Der Darmausgang war eine Öffnung in ihrem Bauch mit einem Beutel daran, in dem verdaute Nahrung aufgefangen wurde. „Natürlich war das ein bisschen eklig. Darüber zu klagen hätte es aber nicht besser gemacht. Es anzunehmen, dankbar dafür zu sein, dass es mir das Weiterleben ermöglichte, das war die Einstellung, mit der es angenehmer wurde. Ich weiß nicht, woher ich die Kraft nahm, diesen Blick auf die Dinge zu haben. Aber ich bin dankbar dafür."

Es folgte die Chemotherapie. Ingrid Green lernte, ihren Darm zu irrigieren. Nur zu bestimmten Zeiten entleerte sie sich, diese Zeiten waren planbar. Der ständige Beutel am Darmausgang entfiel. „Ich fühlte mich langsam wieder als Mensch, denn es war nun sauberer", fügt sie hinzu. „Man musste nach der Irrigierung nur noch ein großes Pflaster darauf machen."

Ihr damaliger Freund war eine große Stütze. Er nahm sie auch nach der Operation weiterhin als Frau wahr und ekelte sich nicht vor ihr. Dafür ist sie ihm noch heute dankbar.

Langsam begann Ingrid Green, ihre Arbeit in der Firma wieder aufzunehmen. Zwar hatte sie nicht mehr die Position inne, die sie ursprünglich bekleidete, ihr hätte die Kraft dafür gefehlt. Doch sie konnte kleinere Aufgaben übernehmen und erlebte etwas, woran sie sich gerne erinnert: „Als Chefsekretärin wurde ich immer sehr gemocht. Ich dachte, dass das an meiner Position lag. Als ich nach der Operation in die Firma zurückkehrte – und meine ehemalige Position natürlich schon anderweitig besetzt war –, begegnete man mir mit der gleichen Freundlichkeit und Fürsorge. Ich merkte, dass man mich nicht wegen meiner Position, sondern wegen meiner selbst mochte. Das war wundervoll."

Als eineinhalb Jahre später bei einer Routineuntersuchung Metastasen in der Lunge festgestellt wurden, erschütterte diese Nachricht sie zutiefst. „Das durchbrach meinen seelischen Heilungsprozess. Ich sollte erneut operiert werden und ich dachte, nun müsse ich sterben. Doch dann kehrte meine Kraft zurück. Ich hatte mir gesagt: ‚Die kriegen mich nicht!' Und dafür würde ich kämpfen."

Um eine erneute Operation zu vermeiden, suchte sich Ingrid Green Hilfe bei einem Vera-Med-Klinikum, wo sie mittels Chemotherapie behandelt wurde. Als sich die Metastasen aber nicht zurückbildeten, sondern wuchsen, wurde eine Operation unausweichlich. Im Dezember 2003 wurden zwölf Stücke aus ihrer Lunge entfernt; anschließend folgte eine weitere Chemotherapie.

Diese Maßnahme raubte ihr die körperliche Kraft. Ihre Tochter befestigte kleine Seile am Bettpfosten, um das Aufstehen zu erleichtern. Das morgendliche Waschen dauerte bis in den Mittag hinein. Ingrid Green erzählt: „Ich hielt das alles für eine Prüfung. Das Leben ist wie eine Schulklasse. Man muss sie bestehen. Bitteschön! Und zwar gefälligst mit Bravour."

So leicht, wie sich das sagt, war es natürlich nicht. Doch der Wille, nicht unterzugehen, war stärker als die Krankheit. Körperlich war Ingrid Green schwach. Seelisch schöpfte sie aus einer Energiequelle ihres Selbst, die unerschöpflich schien. „Im Krankenhaus versuchte ich, alles, was mit meinem Darmausgang zu tun hatte, selbst zu erledigen. Ich wollte die Pfleger und Pflegerinnen nicht damit belästigen."

Ein Jahr später wurden erneut Metastasen festgestellt – wieder in der Lunge –, die im November 2004 entfernt wurden. Die anschließende Chemotherapie verweigerte sie.

„Ich wollte keine Chemo mehr. Sie hatte bisher nicht geholfen und ich glaubte nicht, dass sie jetzt helfen würde. Sie machte das Leid nur schlimmer. Die Prüfung würde ich nicht durch die Chemotherapie bestehen. Der Erfolg lag an mir selbst."

Zu diesem Zeitpunkt suchte sie Dr. Weber auf. Er nahm sich Zeit für sie und betrachtete sie nicht nur als Patienten, sondern nahm sie ganzheitlich als Mensch wahr. Fortan machte sie spezielle Atem- und Körperbewegungsübungen und begann mit Yoga. „Ich lebe sehr gesund. Ich fahre auch viel Fahrrad. Ich wollte nicht tatenlos zusehen. Man muss es schon selbst in die Hand nehmen. Und das habe ich getan."

Der Krebs kam nie zurück. Heute schreibt sie Tagebuch. Sie arbeitet nicht mehr, aber sie trifft sich noch immer mit ihrem ehemaligen Chef. Jedes Jahr lädt er sie ein, sie trinken Kaffee und unterhalten sich.

„Die Krankheit war schrecklich. Aber ich habe viel daraus gelernt", erzählt Ingrid Green heute. „Ich bin sehr dankbar geworden, denn nichts auf dieser Welt ist selbstverständlich. Ich habe meine Familie gehabt, die für mich da war. Ich habe eine ärztliche Behandlung erhalten, die mich gesund machen konnte. Ich habe in der Firma erfahren, wie wertvoll Freundschaft, Fürsorge und Wertschätzung sind. Ich bin dankbar für alles, was ich habe."

Ingrid Green ist eine fröhliche Frau. Der Krebs ist seit acht Jahren verschwunden. Sie glaubt nicht, dass er wiederkommen wird. „Und falls doch – so kriegt er mich nicht. Das hat er bisher nicht geschafft, und das wird er auch nie schaffen."

Man fragt sich, woher Ingrid Green die Kraft genommen hat, nicht unterzugehen. Woher sie wusste, dass der Krebs sie nicht kriegen kann. Von Anfang an. Sie sagt: „Ich weiß es nicht. Ich sagte immer nur: ‚Die kriegen mich nicht!'. Es war das erste, was ich sagte, nachdem ich aus der Narkose aufgewacht bin. Und es sollte nicht das letzte sein, was ich sagen würde. Ich weiß ja nicht einmal, wer die sind. Aber ich weiß, dass man immer Hoffnung haben kann. Ich weiß, dass all die Kraft, die man benötigt, im Willen steckt. Der entsteht im Kopf, den kann man lenken."

Ingrid Green hat durch die Krankheit nichts verloren – sie hat gewonnen. Sie hat all das zu schätzen gelernt, was sie heute besitzt. Und dabei spricht sie nicht von materiellen Gütern. Sie sagt, dass es nie zu spät ist, an sich und die Hoffnung zu glauben. „Es ist alles eine Einstellungssache. Wir bestimmen selbst, wie wir die Dinge sehen. Es gibt immer etwas Positives. Das muss nur gefunden werden. Dass ich es gefunden habe, dass ich die Kraft hatte, nicht aufzugeben, dafür bin ich dankbar. Das kann jeder schaffen, denn der Grundstein dafür ist in unserem Geist verankert, in unserem Willen. Und den bestimmen nur wir selbst."

Hoffnung und Heilmöglichkeiten von Krebs

Fachkommentar von Dr. Walter Weber, Autor und Arzt für Innere Medizin und Onkologe

Seit etwa 40 Jahren beschäftige ich mich mit Krebserkrankungen, zunächst unter rein medizinischen Aspekten. Seit Ende der 1980er-Jahre schaue ich nicht nur auf die Krankheitsbefunde, sondern vermehrt auch auf das Befinden der erkrankten Menschen und ihre Lebenssituation. In vielen Fällen konnte ich dauerhaften Stress und ungelöste Konflikte in der Vorgeschichte finden. Die Frage war nun, ob der Umgang mit Stress und dauerhaften Konflikten Auswirkung auf den Krankheitsverlauf hat.

Meine Beobachtungen zeigten, dass Patienten mit ungewöhnlichen und ungewöhnlich günstigen Krankheitsverläufen oft als gemeinsamen Nenner den Willen zur Autonomie hatten und die Impulse, den eigenen Weg mit ärztlicher Unterstützung, aber auch notfalls gegen äußeren Widerstand zu gehen. Glaube an sich selbst, innere Stimmigkeit, Zusammenspiel von klarem Verstand und „Bauchgefühl" – das waren wichtige Aspekte. Mein Fazit lautet: Soviel „Medizin von außen" wie nötig, soviel „Medizin von innen" wie möglich.

Das in der Onkologie immer noch herrschende Dogma, dass psychische Faktoren den biologischen Ablauf der Krebserkrankung nicht beeinflussen, hat erheblichen Einfluss auf den Umgang mit den Patienten. Ein Beispiel, publiziert 1985 im New England Journal of Medicine: „Eine Sichtweise, die den Patienten Einfluss bei der Eindämmung ihrer Krankheit einräumt, bedeutet zugleich Mitschuld, wenn die Krankheit fortschreitet. Neben der Angst vor dem persönlichen Versagen birgt sie die Gefahr, dass die Patienten schließlich zu der Überzeugung kommen, dass die medizinische Behandlung weitgehend unwichtig sei,... und sie sich ganz der Methode des Mentaltrainings an vertrauen... Die Patienten haben bereits an ihrer Krankheit zu tragen, man sollte sie nicht noch damit belasten, sie für ihren Verlauf mitverantwortlich zu machen."

Wenn Krebserkrankungen unabhängig von der Person und der Persönlichkeit des Krebspatienten auftreten und deshalb auch biologisch zufällig sind, ist der Patient Opfer und nur passiver Beobachter von unbeirrbar ablaufenden körperlichen Prozessen. Diese Sichtweise würde in der Tat Hoffnungslosigkeit, Angst und Depressivität verursachen, denn wozu sollte aktive Krankheitsbewältigung gut sein, wenn sie doch „nichts bringt"?

Meines Erachtens sollte man es dem Patienten überlassen, ob er sich mit sich selbst und seinem Leben auseinandersetzen will. Für den einen bedeutet dies vielleicht zusätzlichen Stress, für den anderen zusätzliche Chancen. Ein Patient hat es so ausgedrückt: Wenn ich etwas mit meiner Erkrankung zu tun habe, dann kann ich auch Einfluss nehmen. „Ex cathedra", also sozusagen „von oben" einem Patienten diese Möglichkeit zu verwehren, ist nicht im Sinne eines „mündigen Patienten".

Frau Green kam erstmals am 18.8.2000 in meine Praxis. Sie war am 8.6.2000 wegen eines Enddarmkarzinoms operiert und ein Anus praeter (künstlicher Darmausgang) war angelegt worden. Da ein Lymphknoten befallen war, erhielt sie eine postoperative Chemotherapie bis November 2000. Aufgrund von Lungenmetastasen erfolgte im Januar 2002 zunächst eine Chemotherapie, im Dezember 2003 eine Operation. Im April 2004 war eine erneute Operation wegen Metastasen in der Lunge notwendig. Die weiteren Untersuchungen zeigen bis heute keinen Rückfall. Im Rahmen ihrer Erkrankung habe ich Frau Green bezüglich der medizinischen Therapie beraten und mit ihr zahlreiche Gespräche über ihre Lebenssituation, über Stress und Konflikte geführt.

Was ist das Besondere an dieser Geschichte?

Zunächst einmal die Statistik: Die Heilungschancen von Frau Green bei diesem Krankheitsverlauf gehen gegen null, liegen zumindest unter einem Prozent. Ungewöhnlich ist die Reaktion von Frau Green: Sie ist zwar erschüttert von den Hiobsbotschaften, verliert aber nie die Hoffnung. Sie hört zwar die Ratschläge der Ärzte, trifft aber völlig autonom ihre Entscheidungen darüber, was sie machen lässt und was nicht. Frau Green ist sehr diszipliniert. Sie ändert ihr Leben, lässt sich nicht mehr in Rollen drängen, muss es niemandem mehr recht machen. Sie ist „der Boss im eigenen Leben", sie geht nach ihrem Gefühl und übernimmt Verantwortung. Seit der Diagnose von Lungenmetastasen beginnt sie jeden Tag mit Meditation, liest inspirierende Texte, hört Musik. Dann ist sie gestärkt für den Tag, „komme, was da wolle". Ab Januar 2005 ergaben sich bei unseren regelmäßigen klärenden Gesprächen keine neuen Themen mehr. Sie berichtete, dass alles wunderbar sei, frei, sich in Wohlgefallen aufgelöst habe und dass alles gut sei. Sie kommt regelmäßig zur Nachsorge; bis heute kein Rückfall der Krankheit. In der Tat, auch medizinisch eine ungewöhnliche Geschichte.

Die Diagnose Krebs löst bei vielen Patienten einen Schock aus, der oft zu zwei gegensätzlichen Reaktionen führt: Angst vor Fortschreiten der Erkrankung, vor Siechtum und Tod oder unerschütterliche Hoffnung, ein „Jetzt-erst-recht"-Gefühl. Noch stärker zeigt sich dies beim Auftreten von Metastasen. Während von der einen Gruppe diese Situation als ausweglos, als „unheilbar" empfunden wird, bleibt der anderen Gruppe die unerschütterliche Hoffnung. „Ich akzeptiere die Diagnose, aber niemals die Prognose", sagte ein Patient. Diese Gruppe fühlt sich nicht als Opfer, ausweglos und ausgeliefert, sondern übernimmt Verantwortung, „weiß, dass ich es schaffen kann", hat das Gefühl, „wenn einer es schafft, dann ich". Diese Gruppe lässt sich intensiv beraten, trifft aber eigene Entscheidungen, auch „aus dem Bauch heraus", und steht dann voll und ganz hinter diesen Entscheidungen. Diese Menschen sind stimmig in sich, finden und gehen ihren eigenen Weg.

Im Dezember 2009 interviewte ich zehn Patienten mit ungewöhnlichen Krankheitsverläufen für meinen Film „Hoffnung bei Krebs" (siehe auch www.drwalterweber.de). Durch diese Interviews erkannte ich, dass alle diese Patienten sich nicht vom Schock der Diagnose hatten unterkriegen lassen. Es waren sozusagen „Naturtalente". Der Untertitel sowohl meines Buchs wie des Filmes lautet: „Der Geist hilft dem Körper". Eben dies konnte ich bei dieser Patientengruppe feststellen: Die geistige Haltung der betroffenen Person ermöglichte Autonomie und Eigenständigkeit. Entscheidungen wurden selbstständig getroffen oder zumindest mitgetragen. Wie weit diese ungewöhnlichen Verläufe allein durch medizinische Maßnahmen zustande kamen oder allein oder zusätzlich durch geistig-seelische Einflussnahme, ließ sich häufig nicht mit Sicherheit sagen. Carl Simonton schrieb dazu: „Gefühle können körperliche Reaktionen auslösen, Gedanken können Gefühle verändern und wir können unsere Gedanken beeinflussen." Warum sollten wir dann nicht körperliche Prozesse beeinflussen können? In meiner Praxis konnte ich bei vielen Patienten solche ungewöhnlichen Verläufe bis hin zu Spontanheilungen beobachten. In Buch und Film habe ich ein Modell dargestellt, wie ich mir diese Verläufe erkläre. Caryle Hirshberg hat für ihr Buch „Unerwartete Genesung" Interviews mit etwa 100 Patienten geführt, die eine Spontanheilung (eigene vollständige Rückbildung der Krebserkrankung für mehr als fünf Jahre) erlebt hatten. Als gemeinsamen Nenner bei allen Patienten fand sie die Haltung: Ich finde und gehe meinen eigenen Weg. Es wäre wünschenswert, dass Patienten mehr unterstützt erhielten und mehr Forschung betrieben würde.

Frau Green hat ihre Krankheit genutzt, um Verhaltensmuster abzulegen, die ihr nicht guttaten. Es ständig allen recht machen zu müssen – so ihr Gefühl vor der Erkrankung –, ist anstrengend. Das hat sie grundlegend geändert und lebt jetzt selbstbestimmt. Inwieweit der günstige Krankheitsverlauf allein durch die Operationen begründbar ist, lässt sich schwer sagen. Die Wahrscheinlichkeit bzw. medizinischen Erfahrungswerte sprechen eher dagegen. Auf jeden Fall sollte dieser Verlauf anderen Menschen Mut machen, auch in sehr schwieriger Situation nicht aufzugeben und ihr Leben in die Hand zu nehmen.

Zusammenfassend halte ich folgende Aspekte bei der Behandlung von Krebserkrankungen für wichtig: ausführliche medizinische Beratung, Aufklärung über den Einfluss von Bewegung und Ernährung sowie Stressverarbeitung und Konfliktlösung, um innere Stimmigkeit zu erreichen. Hier ist sicherlich auch die Meditation von großer Bedeutung, wie dies Ian Gawler auf seinem ungewöhnlichen Weg zur Heilung in schier auswegloser Situation beschrieben hat.

Zu empfehlen ist das Buch Weber, Walter: *Hoffnung bei Krebs: Der Geist hilft dem Körber*, Herbig. 2011. Es informiert über eine Heilungsmethode, bei der nicht nur die Schulmedizin, sondern auch die Psyche eine Rolle spielt und macht Betroffenen, aber auch Angehörigen Mut.

Wie man sich bewusst und gesund ernährt und welche Lebensmittel für die Krebsvorsorge sinnvoll sind, veranschaulicht das Buch Béliveau, Richard & Gingras, Denis: *Krebszellen mögen keine Himbeeren: Nahrungsmittel gegen Krebs. Das Immunsystem stärken und gezielt vorbeugen*; Goldmann. 2010.

Umfassende Beratung bietet der Krebsinformationsdienst des Deutschen Krebsforschungszentrums in Heidelberg. Nicht nur Betroffene, sondern auch Angehörige können sich hier telefonisch oder per E-Mail informieren zu neusten wissenschaftlichen Erkenntnissen, Heilmethoden und Strategien. Weitere Informationen dazu finden Sie unter der Adresse www.krebsinformationsdienst.de. Auf der Webseite finden Sie außerdem zahlreiche Links zu verschiedenen Therapien, Beratungszentren und Selbsthilfegruppen.

Weitere Informationen und Materialien gibt es auch auf der Webseite der Deutschen Krebshilfe unter der Adresse www.krebshilfe.de. Beispielsweise können dort verschiedene Informationsbroschüren zu den einzelnen Krebsarten heruntergeladen werden.

Die Gesellschaft für Biologische Krebsabwehr e.V. informiert unter der Adresse www.biokrebs.de über Therapien, die ergänzend zur schulmedizinischen Behandlung möglich sind.

Thorsten Kaufmann: Zur falschen Zeit am falschen Ort

Spannende Geschichte nach Kopfschuss bei Banküberfall

Der Mercedes rollte langsam auf den Parkplatz eines Göttinger Hotels. Ein Mann mit einer Maschinenpistole rannte über den Platz. Mehr als 50 Banküberfälle werden der Bande des organisierten Verbrechens, der er angehört, zugerechnet – in der deutschen Nachkriegsgeschichte eine unvergleichliche Zahl.

Der Bankräuber lief auf den Mercedes zu, richtete seine Waffe auf den Fahrer und zwang ihn zum Aussteigen. Ein Polizist näherte sich dem Fahrzeug von hinten. Schüsse fielen, Projektile zerschlugen das Glas und die Rückbank des Autos. Der Fahrer versuchte zu fliehen, stürzte jedoch nach wenigen Metern zu Boden. Ein Querschläger hatte ihn am Kopf getroffen, der Schädelknochen zersplitterte. An all das fehlt ihm jede Erinnerung. Sein Name ist Thorsten Kaufmann.

„Ich weiß nur, dass ich an meinen Kundentermin dachte, als man mich aus dem Auto zwang. Ich bin selbstständiger Wirtschaftsprüfer. Ich sollte mich im Hotel mit einer ehemaligen Kollegin treffen, um die Vorbereitungen für ein anstehendes Beratungsgespräch noch einmal durchzugehen. Alle Unterlagen dafür lagen im Auto. Ich realisierte gar nicht, in welcher Gefahr ich mich befand. Als dann die Schüsse fielen, war es bereits zu spät. An die Ereignisse, nachdem mich die Kugel traf, habe ich keine Erinnerung."

Thorsten Kaufmann verlor das Bewusstsein. Er wurde sofort in ein Krankenhaus gebracht und auf die Intensivstation verlegt. Noch am selben Tag wurde er operiert, um die Splitter aus dem

Gehirn zu entfernen. Um nicht zu viel Hirngewebe zu verletzen, mussten einige schwer zugängliche Splitter jedoch belassen werden. Aufgrund des schweren Schädel-Hirn-Traumas wurde er in ein künstliches Koma versetzt. Bei einer derartigen Verletzung steigt der Hirndruck stark, die Ausdehnungsmöglichkeit ist jedoch begrenzt, weshalb die Hirnfunktion der Patienten auf ein notwendiges Minimum herabgesetzt wird.

Thorstens Frau Julia wusste zu diesem Zeitpunkt noch nichts von den Geschehnissen. Thorsten Kaufmann und sie lebten mit ihren beiden Kindern in der Nähe von Frankfurt. Die Sommerferien und der Familienurlaub standen bevor. Noch einige Stunden zuvor hatte sie mit Thorsten telefoniert, er hatte sich bis zum nächsten Tag, an dem er von seiner Geschäftsreise zurückkehren wollte, verabschiedet. Nach 13-jähriger Ehe gehörte seine Abwesenheit aus beruflichen Gründen zur Normalität und war kein Grund zur Besorgnis. Gegen 22:00 Uhr klingelte das Telefon, eine ihr bis dahin nur namentlich bekannte Ex-Kollegin ihres Mannes stellte sich kurz vor und erzählte von den Geschehnissen, die ihr selbst nur zum Teil bekannt waren. Noch unter Schock rief Julia die Polizei in Göttingen an. Der zuständige Beamte erläuterte den kompletten Tathergang, konnte ihr aber über den Gesundheitszustand ihres Mannes keine Auskunft geben. Emotionslos gab sie alle erforderlichen Informationen an den Polizisten weiter. Anschließend wählte sie die Nummer des Universitätsklinikums, in das man Thorsten Kaufmann gebracht hatte.

Der dortige Ansprechpartner konnte ihr lediglich mitteilen, dass ihr Mann gerade operiert werde und sie gerne am nächsten Morgen anrufen könne, sobald er wach sei, um sich weiter zu informieren.

Ihr war klar, dass sie ihren Mann auf keinen Fall in dieser Situation alleine lassen würde, und nutzte die ohnehin schlaflose Nacht, um die Betreuung ihrer Kinder zu regeln, die Zugfahrt zu organisieren, auf der ihre Tante sie begleiten würde, und ein paar persönliche Dinge sowie Kleidung für ihren Mann zu packen. Sie wollte vor Ort alles Notwendige mit ihm besprechen, wusste sie doch, wie stark er beruflich eingespannt war und dass es bei seinem Job möglicherweise unverzüglich Dinge zu klären galt. „Bis dahin sprach mir gegenüber jeder davon, dass Thorsten eine Kugel abbekommen hätte und diese abgeprallt sei. Das dies aber überhaupt nicht möglich ist, war mir zu diesem Zeitpunkt nicht bewusst."

Als Julia am folgenden Vormittag im Krankenhaus eintraf, wurde sie von den zuständigen Ärzten über die Auswirkungen einer solchen Verletzung sowie den Heilungsprozess aufgeklärt. Die Ärzte, Pfleger und Schwestern waren betroffen. Obschon sie Julia sehr freundlich behandelten, konnten sie nicht darüber hinwegtäuschen, dass sie den weiteren Verlauf sehr kritisch sahen. Sie sprachen ihre Sorge offen aus. Thorsten würde den Unfall nicht unbeschadet überstehen – falls er überhaupt überlebte.

„Als ich zu ihm auf die Intensivstation kam, war ich von seinem Anblick sehr geschockt", berichtet Julia. „Überall waren Zugänge gelegt, aus denen Schläuche zu verschiedenen Apparaturen liefen. Sein rechtes Auge war bis zur Wange lila angelaufen und durch die Wucht der Kugel soweit hervorgetreten, dass ich die linke Gesichtshälfte nicht sehen konnte. Seine Haare waren abrasiert, und aus seinem Kopf führte ebenfalls ein Schlauch heraus, der die Hirnflüssigkeit absaugte. Überall piepten und brummten Apparate, deren Anzeigen ich nicht verstand. Ich wusste nicht, wo ich ihn anfassen sollte, vor Angst, irgendetwas zu beschädigen, saß stumm neben ihm und hörte die Erklärungen des Arztes wie durch einen Nebel."

Sie mietete sich in ein nahegelegenes Hotel ein, besuchte ihren Mann täglich und stand den Ärzten und der Polizei so gut es ging zur Verfügung. Letztere hatte ein Verbrechen aufzuklären und so mussten der Pkw und darin befindliche persönliche Dinge identifiziert werden. Da Thorsten Kaufmann im Koma lag, musste Julia die Entscheidung über die weitere Behandlung treffen; das Einverständnis zur Abnahme von Fingerabdrücken gehörte ebenso dazu wie der ständige Kontakt zur Polizei und zum Büro, die täglich neue Fragen hatten.

„Großen Halt und Mut gaben mir all unsere Freunde, die täglich anriefen, um sich nach Thorsten zu erkundigen", berichtet Julia. „Natürlich waren auch sie alle ziemlich hilflos, aber selbst Freunde von Thorsten, die ich nie zuvor gesehen hatte, standen regelmäßig mit mir in Kontakt und boten Hilfe an."

In Göttingen herrschte Aufregung aufgrund der Tat, über die in den Medien täglich berichtet wurde. Reporter tauchten im Krankenhaus auf, die sich als Verwandte ausgaben und in den geschützten Bereich vorzudringen versuchten, um Neuigkeiten über den Zustand des Opfers zu erfahren. Die Klinik sowie die Polizei hielten die Personalien streng geheim. Julia hatte darum gebeten, keinerlei private Details zu veröffentlichen. Sie ging davon aus, dass Thorsten ebenso entschieden hätte.

„Die nächsten Tage war ich immer an seiner Seite", berichtet Julia weiter. „Ich erzählte von den Kindern, Freunden, die sich nach ihm erkundigten und dem Wenigen, was ich selbst erlebte. Ich weiß nicht, ob er mich hat hören können. Er lag ja im Koma. Aber ich erzählte es ihm trotzdem."

Zwischen dem Pflegepersonal und Julia entwickelte sich ein sehr freundliches Verhältnis. „Sie gaben mir Mut durch ihre Erfahrungen mit anderen Komapatienten, von denen sie erzählten. Die Anzeigen auf den Apparaturen wurden mir vertraut. Mein erster Blick beim Eintreten fiel immer auf die Hirndruckanzeige, die sich aber nicht verbessern wollte. Krampfanfälle, Fieber und Lungenentzündung waren für mich eine Katastrophe, für die Pfleger aber bloß Alltag und kein Grund zur größeren Besorgnis. Der Hirndruck aber wollte einfach nicht sinken."

Nach sechs Tagen konnte sie die Situation nicht mehr ertragen. Täglich saß Julia mehrere Stunden im Krankenhaus und erzählte und erzählte, doch es kam keine Reaktion. „Die Ärzte sagten mir bereits am ersten Tag, ich solle nach Hause fahren, könne hier nichts tun – aber davon wollte ich zu diesem Zeitpunkt noch nichts wissen."

Irgendwann fuhr sie dann doch nach Hause. Ihre Kinder waren noch nie so lange ohne sie gewesen und trotz der Oma, die sich um sie kümmerte, trotz täglicher Telefonate, fehlte ihnen die Mutter. Julia war froh, mit ihren Kindern allein sein zu können. „Meine bis dahin schwerste Aufgabe bestand darin, den Kindern erklären zu müssen, dass nicht sicher war, ob der Papa wieder nach Hause kommt. Ich erklärte ihnen alles so, wie ich es von den Ärzten hörte, und einiges von dem, was ich selbst erlebt hatte. Ich habe offen und ehrlich meine Ängste zugegeben und ganz besonders meiner Hoffnung Ausdruck verliehen, auch wenn ich den Ernst der Lage immer wieder klarmachen musste. Sie haben tapfer alles aufgenommen und sind in dieser Zeit auch ein wenig gereift."

Die genauen Umstände verschwieg sie allerdings, dafür erschienen ihr die Kinder zu jung. „Als ich bei meiner Abreise erklärte, dass der Papa im Krankenhaus sei, hatten sie dies ganz selbstverständlich mit einem Autounfall verbunden und ich habe sie in diesem Glauben gelassen. Heute wissen die beiden alles und es war gut, dass wir bei jedem der Kinder gewartet haben, bis sie alt und verständig genug waren. Sie haben es mir nicht übel genommen, ihnen damals diese Tatsache verschwiegen zu haben."

Thorsten Kaufmann erwachte einfach nicht aus dem Koma. Täglich rief Julia morgens und abends in der Klinik an, um sich nach ihm zu erkundigen. Jedes Wochenende fuhr sie zu ihm, aber sein Zustand blieb unverändert. „Wie sehr hatte ich mir gewünscht, ein Arzt würde mir sagen: ‚Keine Sorge, wir kriegen das wieder hin!' – aber die Realität war eine andere. Natürlich gab es Tage, an denen mir die Kraft fehlte. Aber nach der Schock-Phase wusste ich: Ich muss mit der Situation klarkommen und mich zusammenreißen, werde sehen was passiert und entscheide dann, was zu tun ist."

Es vergingen noch zehn weitere lange Tage, in denen sich Thorsten Kaufmanns Zustand nicht wesentlich verbesserte. Als Julia den Anruf bekam, sie würden ihren Mann nun aus dem Koma holen, war sie völlig aufgelöst. „Ich konnte doch gar nicht so schnell vor Ort sein, aber der Arzt erklärte mir, dass auch das ‚Aufwachen' nicht so schnell ginge." Julia rief eine Freundin an, die sie begleiten würde, bat die Oma auf die Kinder aufzupassen und traf am späten Abend in der Klinik ein.

Obschon Thorsten Kaufmann noch unter dem Einfluss zahlreicher Medikationen stand, reagierte er auf Julia und drückte ihre Hand, als sie ihn darum bat. „Es war etwas beängstigend, ihn so kämpfen und leiden zu sehen. Ich war froh, dass ich nicht so lange bleiben durfte. Als ich am nächsten Morgen wiederkam, saß er bereits in einer Art Rollstuhl mit hohem Rückenteil, an den er festgeschnallt war." Nach 16 Tagen Koma hat auch der sportlichste Körper kaum noch Muskeln. Thorsten hatte nicht nur 20 Kilogramm Gewicht verloren, er konnte sich auch so gut wie nicht bewegen.

Eines ist Julia ganz besonders in Erinnerung geblieben, trotz der Freude darüber, dass ihr Mann erwachte. „Ich konnte ihm ansehen, dass er so gut wie tot gewesen war. Es stand ihm förmlich ins Gesicht geschrieben, was er hinter sich hatte."

„Die Realität verschwimmt mit dem, was die Trugbilder im Kopf zu einer gefährlichen zweiten Wirklichkeit machen wollen", erzählt Thorsten Kaufmann heute. „Es dauerte eine Woche, bis ich wieder klar denken konnte. Aber ich konnte wieder denken."

Julia besuchte ihren Mann, so oft die Ärzte sie zu ihm ließen. Zunächst kämpfte er mit den Folgen des Komas. „Er saß völlig apathisch neben mir. Wir sprachen kein Wort, und er schaute abwechselnd zur Decke, zu dem Bild der Kinder, das in seinem Zimmer hing, anschließend zu mir, um gleich wieder an die Decke zu starren. Ich weiß nicht mehr, wie viele Stunden wir so dasaßen und ich hoffte: Das muss sicher so sein. Gib ihm Zeit."

Sie besuchte Thorsten ein paar Tage später mit den Kindern auf der Intensivstation. Die Ärzte hatten ihn in ein Einzelzimmer verlegt, um die Kinder nicht zu verängstigen. „Thorsten hat ganz normal mit ihnen gesprochen. Sie waren so voller Freude! Dann fragte er nach unserem dritten Kind. Aber wir haben kein drittes Kind. Die entsetzten Kinderaugen schossen direkt zu mir – in diesem Moment muss einem erst einmal etwas Gutes einfallen. Dann fragte er uns, ob wir mit dem Hubschrauber gekommen wären."

Es war ein anstrengender Tag. Die Komik, die dieser Szene anhing, kann nur im Nachhinein belächelt werden. Am Abend lagen die Kinder weinend im Bett und baten ihre Mutter: Mach, dass der Papa wieder normal ist.

Thorsten Kaufmann wurde wenige Tage später in eine Reha-Klinik verlegt. Anfangs war er auf den Rollstuhl angewiesen, später konnte er mit dem Rollator laufen. Erst zehn Meter, dann fünfzig. Schließlich hundert Meter pro Tag.

Er erzählt: „Ich war sportlich. Dann kam der Unfall. Ich wachte auf und stellte fest, dass man zehn Treppenstufen steigt und danach so erschöpft ist, als sei man einen Marathon gelaufen." Thorsten Kaufmann wollte aus der Reha raus. Viele der Menschen dort würden nie wieder gesund werden, manche waren dem Tod geweiht. Trotz allem Verständnis für das Leid dieser Menschen spürte er, dass er in diesem Umfeld nur langsam Fortschritte machen würde.

Thorsten Kaufmann war außerdem in psychologischer Behandlung. Seine geistigen Fähigkeiten wurden getestet und man versuchte, potenziellen Traumafolgen vorzubeugen. Natürlich stand auch die Frage im Raum, ob er Rachegedanken habe. Er bemerkt dazu: „Ich weiß, dass ich zur falschen Zeit am falschen Ort war. Die Gewalt galt nicht mir und es ging alles sehr schnell. Ich kann mich an den Schusswechsel nicht einmal erinnern und habe keinerlei Beziehung zu den Bankräubern aufgebaut. Darum bin ich auch nicht wütend, nicht sauer, will keine Rache."

Im Laufe der kommenden Wochen versuchte Thorsten, seine täglichen Spaziergänge mit dem Rollator auszuweiten. Er versuchte, an allen Fronten zu kämpfen. Zwar schien sein Gehirn keine bleibenden Schäden erlitten zu haben, doch vieles musste er neu lernen. Seine ersten Schritte resultierten in einem gefährlichen Sturz. Sein Gleichgewichtssinn war stark beeinträchtigt und musste neu geschult werden, ebenso alltägliche Abläufe wie Waschen, Zähneputzen, Rasieren, Anziehen. Viele kognitive Prozesse waren auf null zurückgesetzt worden. Sein Gehirn musste diese Abläufe wieder trainieren und entsprechend abspeichern.

„Ich versuchte, den Heilungsprozess zu beschleunigen. Ich wollte alles geben. Ich wusste, dass ich wieder gesund werden konnte. Obwohl das überhaupt nicht klar war. Aber ich wollte kämpfen. Manchmal, wenn es niemand beobachtete, versuchte ich, kurze Strecken zu joggen", erzählt Thorsten Kaufmann. Dann unterbricht er sich und muss lachen.

„Mein ehemaliger Fußballtrainer rief mich an. Er sagte mir, dass ich schon immer ein Kämpfer gewesen sei. Den größten Rückhalt habe ich aber von meiner Familie bekommen."

Der Fußballtrainer war nicht der einzige, der anrief. Viele Freunde und Kollegen erkundigten sich nach Thorstens Befinden. Einige meldeten sich aber auch nie. „Es war eine interessante Erfahrung mit vielen Überraschungen. In all den Wochen nach dem Unfall, nach all den Schwierigkeiten, gab ich aber nicht auf. Außerdem brauchte mich meine Familie – und ich brauchte sie. Meine Frau hat sich um alles gekümmert, hat mir immer zur Seite gestanden, auch als ungewiss war, ob ich überhaupt würde weiterleben können. Eines Tages rief mich ein Freund an und sagte: ‚Jetzt weiß ich, warum du diese Frau geheiratet hast.'"

Einige Wochen nach dem Erwachen aus dem Koma war Thorsten so weit, dass er eigenständig stehen konnte. Den Rollator brauchte er nur noch zeitweise. Aber es kostete Kraft. Seine Tochter wurde eingeschult. Er ließ es sich nicht nehmen, dabei zu sein. „Wenn ich mir die Bilder heute anschaue, dann erschrecke ich. Ich sah schrecklich aus."

„Ich war sauer auf ihn", wirft seine Frau ein. „Er hat auf eigene Gefahr die Reha verlassen, hat kaum den Weg zur Schule im Pkw geschafft. In der Turnhalle, in der die Feierlichkeiten stattfanden, waren schätzungsweise 40° Celsius und ich hatte solche Sorge, die ganze Anstrengung wäre zu viel für ihn. Die Ärzte hatten mir gesagt, dass es zu epileptischen Anfällen kommen könne, bei denen ich den Notarzt rufen solle. Wenn ich heute die Bilder sehe, dann weiß ich noch genau, wie besorgt wir alle um ihn waren und wie froh, als wir ihn wieder wohlbehalten in der Reha-Klinik hatten. Aber das ist typisch für ihn – er ist ein Sturkopf – und eigentlich mag ich seine Beharrlichkeit, auch wenn ich damals darauf hätte verzichten können."

Thorsten Kaufmann kämpfte weiter um seine Gesundheit, für sein altes Leben und für seine Familie. Langsam besserte sich sein Zustand. Durch Sport und Krafttraining erlangte er Stück für Stück seine Freiheit zurück. „Der Arzt sagte mir irgendwann, ich verhandele wie auf dem türkischen Basar, um die Reha verlassen zu können, und schließlich durfte ich gehen."

Auch Julia teilt diese Meinung. Vor allem aber ist sie glücklich, dass sie ihren Mann hat behalten können. Auch sie beantwortet die Frage nach Rachegedanken und Wut mit einer Verneinung.

„Die Verhaftung der Bankräuber haben wir natürlich verfolgt und waren erleichtert, als alle verurteilt waren, da bei den Überfällen auch Menschen zu Tode gekommen sind", erzählen beide.

Thorsten Kaufmann kämpfte auch zu Hause weiter, acht Wochen nach dem Unfall begann er wieder stundenweise zu arbeiten. Drei Monate später durfte er Auto fahren. Heute merkt man ihm von den Geschehnissen nichts mehr an. Nur zwei Narben sind geblieben: dort, wo die Kugel in die Schläfe eingedrungen ist und dort, wo sie an der Stirn wieder ausgetreten ist. Die übrigen Wunden sind verheilt.

„In diesen insgesamt 9 Monaten, bis ich wieder völlig hergestellt war, habe ich so viel gelernt wie in 10 Jahren. Ich glaube, ich bin weiser geworden. Ich habe gekämpft, gehofft, erlebt, wie Menschen reagieren, wie ich reagiere, wie ich hoffen kann, wie meine Familie gehofft hat. Ich habe ein Stück Lebenserfahrung gewonnen, das ich jetzt nicht mehr missen möchte."

Thorsten Kaufmanns 13-jährige Tochter jedoch macht sich seither bei Verspätungen des Papas große Sorgen. Sollte es einmal später werden, ruft er immer vorher an.

Zufall oder Schicksal?

Fachinterview mit Dr. Rolf Fröböse, Wissenschaftsjournalist und Autor

Die Geschichte des Banküberfalls mit anschließendem Kopfschuss klingt nach einem Film, nicht nach der Realität. Und doch ist sie passiert. Doch wie wahrscheinlich ist es, in solch ein Ereignis verwickelt zu werden? Auf der Suche nach Antworten sprachen wir mit dem Zufallsforscher Dr. Rolf Fröböse. Der Wissenschaftsjournalist und Buchautor hat ein Dutzend populäre Sachbücher veröffentlicht, darunter auch Bestseller wie „Die geheime Physik des Zufalls".

Zunächst müsse man zwischen verschiedenen Zufällen unterscheiden, sagt er. Genau genommen sind viele Zufälle keine Zufälle – sie erscheinen nur als solche. Dr. Fröböse spricht von Zufällen erster und Zufällen höherer Ordnung. Wir sind es gewohnt, unsere Welt als eine Abfolge kausaler Ereignisse zu betrachten. Treten wir auf die Bremse unseres Autos, bleibt es stehen. Der Zufall passt nicht in dieses Weltbild. Als zufällig gelten Dinge, für die es keinen Grund gibt. Nicht der Kausalzusammenhang, sondern eben der Zufall entscheidet. Anders verhält es sich, wenn wir ein Ereignis für einen Zufall halten – obwohl es eigentlich keiner ist. Denn häufig bestehen Zusammenhänge auch dort, wo wir keine vermuten. Führt ein solcher Kausalzusammenhang zu einem Ereignis, ist es genau genommen kein Zufall mehr – selbst dann, wenn wir das Ereignis als Zufall deuten. In diesem Fall kennen wir lediglich den ihm zugrunde liegenden Kausalschluss nicht. Dr. Fröböse spricht hier von einem Zufall höherer Ordnung.

Dieser Art von nur scheinbarem Zufall steht natürlich eine Vielzahl echter Zufälle gegenüber. Wer irgendwo im Urlaub einen alten Bekannten wiedertrifft, trifft ihn zufällig. Zwei Lebenslinien kreuzen sich für einen kurzen Moment. Würden wir einen Fremden im Urlaub treffen, wäre auch dies ein Zufall. War es also der Zufall, der entschied, ob der Protagonist der Geschichte an ebenjenem Tag auf den Parkplatz fuhr, in ebenjenem Moment, in dem der Bankräuber vorbeikam? In jedem Fall ging beidem eine Verkettung von Ereignissen voraus, die letztlich zu diesem Zusammentreffen auf dem Parkplatz im gleichen Moment führte. Dennoch kann dem Protagonisten keine Schuld zugeschoben werden – niemand trägt Schuld daran. Auf Basis unseres Erfahrungsraums war das Aufeinandertreffen just in diesem Moment reiner Zufall. Möglicherweise war auch die wundervolle Genesung, mit der niemand rechnete, dem Zufall geschuldet.

Kann man denn berechnen, wie hoch die Chance war, dass beide Ereignisse auf den exakt gleichen Zeitpunkt fallen, fragen wir Herrn Dr. Froböse. Die Antwort lautet nein. Fraglich hingegen ist, ob man es irgendwann wird berechnen können. Es existiert keine einheitliche Theorie, die alle Eventualitäten des Lebens in einer Gleichung zusammenbringt. Die Frage, ob es irgendwann einmal eine geben wird, ist strittig. Zu viel verstehen wir noch nicht von der Welt, um heute darauf eine Antwort geben zu können.

Was kann man tun, um mit einem negativen Ereignis gut umzugehen? Müssen wir Angst haben, dass uns der Zufall schon morgen erneut treffen könnte? Nein, sagt Dr. Froböse. Der Zufall kann ebenso etwas Gutes auslösen. Wenn wir die Liebe unseres Lebens auf der Straße treffen, dann kann auch das reiner Zufall sein. Wir erleben den Zufall ständig, selbst dort, wo wir ihn nicht erwarten.

Der Zufall kennt kein Gut oder Böse – deswegen sollten wir ihn nicht verteufeln. Das Unglück oder das Glück können wir nicht anziehen. Jeden Tag kreuzen sich die Lebenslinien von Millionen Menschen – rein zufällig. Wir messen diesen Begegnungen keine Bedeutung zu. Tatsächlich aber ist der Zufall ein ständiger Begleiter unseres Lebens.

Interessant ist das Buch Klein, Stefan: *Alles Zufall: Die Kraft, die unser Leben bestimmt*; rororo. 2005. Es dreht sich um die Frage, ob der Zufall oder das Schicksal unser Leben bestimmt und beleuchtet das Wesen des Zufalls – gibt aber auch Tipps, wie wir einen positiven Zugang zum Zufall und somit mehr Gelassenheit mit dessen Umgang finden können.

Empfehlenswert und vor allem unterhaltsam ist das Buch Dubben, Hans-Hermann & Beck-Bornholdt, Hans-Peter: *Mit an Wahrscheinlichkeit grenzender Sicherheit. Logisches Denken und Zufall*; rororo. 2005. Auf amüsante Weise präsentieren die Autoren Kuriositäten im Bereich des Zufalls und der Statistik und schulen obendrein den Umgang mit manch trickreichen Zufällen, die erst auf den zweiten Blick gar keine sind.

Einen interessanten Aspekt des Zufalls beschreibt auch dieses Buch, nämlich das Bestreben, den Zufall nach besten Möglichkeiten auszuschalten. Klausnitzer, Rudi: *Das Ende des Zufalls: Wie Big Data uns und unser Leben vorhersagbar macht*; Ecowin Verlag. 2013. Das brandaktuelle Thema Big Data hat einiges mit dem Zufall gemein, da Ereignisse, die bislang als rein zufällig galten, transparent und vorhersagbar werden. So jedenfalls die Theorie. Das Buch thematisiert die Möglichkeiten und Einsatzgebiete und erklärt, was Big Data mit dem Zufall in Verbindung bringt.

Ute Steinheber: Von der Tarnkappe befreit

Rehabilitation nach Depressionen und Suizidgedanken

Ute Steinheber wurde 1956 als ältestes von vier Kindern geboren. Es folgte eine Bilderbuchkindheit unter der Fürsorge einer liebevollen Mutter. Ihr Vater, ein leidenschaftlicher Sportler, nahm sie regelmäßig zum Wandern, Ski-, Rad- und Kanufahren mit. Diese Kindheit endete, als Ute Steinheber 12 Jahre alt war.

1967 wurde bei ihr die Diagnose Skoliose gestellt, eine seitliche Verkrümmung der Wirbelsäule, die durch zu schnelles Wachstum, insbesondere bei Mädchen, auftreten kann. Die Skoliose, die bei Ute Steinheber aus einer Verkürzung des Beins und einer Schiefstellung des Beckens resultierte, verschlimmerte sich rasch. „Der Orthopäde riet mir, ein Korsett zu tragen, doch mein Vater hatte sich dagegen gewehrt. Stattdessen versuchte man es mit Krankengymnastik, einer Schuheinlage und dem nächtlichen Liegen in einer Gipsschale. Im Laufe der folgenden Jahre wurde dann aber klar: Ich musste operiert werden."

Als diese Entscheidung feststand, war Ute Steinheber 16 Jahre alt. Im gleichen Jahr starb ihre Mutter an Krebs. „Der Tod meiner Mutter war ein Schock. Mein Vater ordnete an, die Operation, die mit erheblichen Risiken verbunden gewesen wäre, nicht durchzuführen. Arterien und Rückenmark hätten verletzt werden können – das wollte mir mein Vater zu dieser Zeit nicht zusätzlich zumuten."

Wegen der fortschreitenden Probleme aufgrund der Skoliose musste die Pferdenärrin das Reiten aufgeben, stattdessen widmete sie sich nun dem Schwimmen, der Schule und begann, Volleyball zu spielen. „Von Kind an war der Sport immer fester Bestandteil meines Lebens. Das Schwimmen schien eine optimale Sportart zu sein. Ich spürte, dass mir das sehr gut tat."

Bereits 10 Monate später heiratete ihr Vater eine junge Frau und wandte sich von seinen Kindern ab. Ute Steinhebers Stiefmutter war auf ihren neuen Mann und ihre Karriere fixiert, die Kinder interessierten sie wenig. Natürlich, da ging es auch um Eifersucht und Missgunst, um Hilflosigkeit, um das Gefühl, zu kurz zu kommen. „Die Krankheit und der seelische Konflikt mit der Familie – der Tod der Mutter und die Abwendung des Vaters – führten zu einer latenten Depression. Man sprach zu diesem Zeitpunkt noch nicht von einer Depression, eher von einer Traurigkeit und Niedergeschlagenheit, die mein junges Leben beschatteten."

Ute Steinheber übernahm die Rolle der Ersatzmutter für ihre drei jüngeren Geschwister. Mit 18 Jahren wollte die rebellische Gymnasiastin nicht mehr. Sie zog aus. Ihren Lebensunterhalt bestritt sie mit verschiedenen Minijobs, denn das Geld, das sie von ihrem Vater bekam, reichte nicht aus. Nach dem Abitur entschied sie sich schließlich für die Operation, um der fortschreitenden Verkrümmung entgegenzuwirken.

„1976 wurde ich dann in mehreren Schritten gestreckt, eingegipst, wieder gestreckt und schließlich operiert. Das habe ich alles alleine durchgestanden, denn mein Vater war nach wie vor gegen die Operation. Mehr noch, er sagte zu mir, er wolle keinen Krüppel im Haus. Das muss man sich mal vorstellen, diese Kälte und Härte, die einem da entgegenkommt."

Die Operation verlief gut, es traten keine Lähmungen auf. Ihr Vater besuchte sie ein einziges Mal im Krankenhaus – nachdem die Ärzte ihn angerufen und quasi dazu genötigt hatten. Der Besuch verlief wenig herzlich und Ute Steinheber hat ihn noch immer schmerzlich in Erinnerung. Es war nur ein Anstandsbesuch.

„Schwierig war die Tatsache, dass es niemanden gab, der mich unterstützte. Meine Geschwister waren noch zu klein, nur mein Onkel ließ gelegentlich von sich hören. Mit meinem damaligen Freund hatte ich gebrochen – ich wollte ihm die Last ersparen, sich um eine ‚Behinderte' kümmern zu müssen. Es war aber auch seine Mutter, die die Beziehung nicht wollte."

Immerhin fühlte Ute Steinheber sich in den drei Monaten Krankenhausaufenthalt vor und nach der Operation in gewisser Weise geborgen. Ehrenamtliche Besuchsdamen, Pfleger und Ärzte kümmerten sich liebevoll um sie. Als sie das Krankenhaus verlassen durfte, bekam sie einen Gips, der von der Hüfte bis zum Kinn reichte und den sie ein Jahr lang tragen musste. Wurde sie gefragt, warum sie den Gips tragen müsse, erzählte sie eine Notlüge, weil sie sich schämte. Ute Steinheber konstruierte die Geschichte eines Skiunfalls, mit der die leidenschaftliche Skifahrerin besser leben konnte. „Ich zog eine Tarnkappe auf, unter der ich die wahren Gründe zu verstecken suchte", erzählt sie heute.

Mit dem Gips konnte sie weder Rad noch Auto fahren, nicht lange sitzen. Sie nahm schnell ihr Studium auf, doch auch das war nicht einfach. Da sie den Kopf wegen der Kinnstütze nicht beugen konnte, fielen ihr Lesen und Schreiben schwer. Zwar bekam sie eine Prismenbrille, eine Brille, deren Gläser so geschliffen sind, dass sich der Blickwinkel verändert. Die Brille erleichterte die Arbeit im Sitzen und Liegen, doch es blieb mühsam.

Als der Gips nach einem Jahr abgenommen wurde, dauerte es weitere Monate, bis die Druckstellen verheilt und die Muskulatur wieder aufgebaut waren. Doch dann, endlich, ging es bergauf.

Ute Steinheber verliebte sich in einen naturverbundenen Studenten und Sportler, ging mit ihm in die Berge zum Wandern, Kanufahren und Campen. Ihr Leben wurde wieder lebenswert. Sie schloss das Studium mit Auszeichnung ab und nahm verschiedene Jobs an. 1985 heiratete sie ihren Freund und arbeitete als Lehrerin. Im Laufe der nächsten Jahre brachte sie zwei gesunde Mädchen zur Welt. Die Krankheit schien geheilt, das Glück war eingekehrt. „Ich war frei, und ich fühlte mich auch so. Das war wunderbar. Es fühlte sich an, als wäre ich aufgewacht – befreit aus einer Zwangsjacke aus Gips und Titan, befreit von einem dominanten Vater und einer abweisenden Stiefmutter." Es folgten anstrengende und arbeitsreiche, aber auch wundervolle Familienjahre – bis die Schmerzen zurückkamen. Sie kamen langsam, befielen zunächst die Beine und schließlich das Becken.

Bei der korrigierenden Operation war die Wirbelsäule mit einem Titanstab um sechs Zentimeter gestreckt und dabei neun Wirbel mit Eigenknochenmaterial versteift worden. Bei einer Untersuchung 2001 wurde festgestellt, dass die erneuten Schmerzen vom Übergang vom Lendenwirbel (L5) zum Kreuzbein (S1) ausgingen. Die ihn puffernde Bandscheibe hatte den Belastungen über die Jahre nicht standhalten können, sie war praktisch nicht mehr vorhanden. Der Abstand zwischen den Wirbeln hatte sich verringert, der Spinalkanal und seitliche Nervenkanäle waren verengt, wodurch Druck auf die Nervenbahnen entstand.

Ute Steinheber entwickelte eine reaktive Depression. Sie war enormen Belastungen ausgesetzt und nicht mehr imstande, ihre Sorgen zu artikulieren. Die Schmerzen waren allgegenwärtig, der Beruf eine zusätzliche Belastung. Ihr Mann versuchte zu dieser Zeit, sich selbstständig zu machen, doch es war schwierig, die Auftragslage schlecht. Da sie beide einen Kredit aufgenommen hatten und in eine Eigentumswohnung gezogen waren, waren sie finanziell von Ute Steinhebers Berufstätigkeit als Lehrerin abhängig. „Ich erhöhte sogar noch meine Arbeitslast, und ich wollte nicht jammern. Ich bin eine leistungsorientiere Person gewesen – ich denke, das bin ich immer noch – und biss die Zähne zusammen. Es musste ja irgendwie weitergehen, das war mir völlig klar. Doch dieser Weg war der falsche."

Sie rutschte immer tiefer in die Erschöpfung, die eine psychotherapeutische Behandlung erforderte, begleitet von diversen, teilweise auch stationären Schmerztherapien. „Erst da realisierte ich, in welche Richtung das ging. Es war ein Selbstmord auf Raten. Ich funktionierte nur, aber ich lebte nicht mehr wirklich."

Ute Steinheber verkroch sich noch tiefer unter ihrer Tarnkappe. Nicht darüber reden, nichts zugeben, immer den guten Schein wahren, das war die Devise. Heute weiß sie, dass das ein Fehler war. Der Rektor der Schule, in der sie arbeitete, begann, sich um sie zu sorgen, und riet ihr, etwas gegen die Schmerzen und die Erschöpfung, die man ihr deutlich ansah, zu unternehmen. Doch die engagierte und pflichtbewusste Lehrerin wollte das Schuljahr noch durchstehen. Diverse Projekte, die viel ihrer Energie und Zeit beanspruchten, wollten zu Ende gebracht werden. Ute Steinheber übernahm mehr Verantwortung für andere als für sich selbst. Auch das war ein Fehler, weiß sie heute.

Kurz darauf brach sie zusammen und wurde erneut in die Klinik eingewiesen. Eine lange Zeit der Krankschreibung folgte. Die Schmerzen hatten sich verschlimmert, Ute Steinheber konnte kaum noch gehen. Eine erneute Operation wurde dringend angeraten.

„Ich musste starke Schmerzmittel nehmen, die natürlich auch ihre Nebenwirkungen hatten. Es war zudem schwierig, einen geeigneten Operateur zu finden, denn die Operation war äußerst riskant." Da ihr Fall planbar war, wurde der Operationstermin wegen Akutfällen und Unfallopfern immer wieder verschoben. Es folgten mehrere Monate des Wartens, und mit dem Warten entwickelte sich die Angst. Ute Steinheber fragte sich nach mehreren Eigenblutspenden, wann sie denn nun endlich operiert werden würde. Doch Woche um Woche wurde der Termin erneut verschoben. „Das hat mich völlig zermürbt", sagt sie dazu.

Ihre Ängste vertraute sie einem Arzt an. Er warnte sie und riet ihr, Zweit- und Drittmeinungen einzuholen, denn eine solch lange Operation in ihrem damaligen Zustand könne ein Koma zur Folge haben. Noch bevor sie den ersten Beratungstermin wahrnahm, ließ sich Ute Steinheber von der Warteliste streichen. „Mein Mann konnte das nicht verstehen. Er fragte mich, warum ich so ein Theater machen würde, aber ich spürte, dass ich die gefährliche Operation und die Narkose in meinem depressiven Zustand nicht überstehen würde."

Über den Bundesverband für Skoliose fand sie schließlich einen Operateur, der eine alternative Operationsmethode vorschlug, die einen weniger großen Eingriff erforderte, und vertraute sich ihm an. Ende 2004 wurde der schonendere Eingriff durchgeführt. Er verlief problemlos.

Es folgte eine neunmonatige Rehabilitationszeit, die mit zahlreichen Rückschlägen und heftigen Schmerzzuständen verbunden war. Sie nahm ihren Beruf als Lehrerin wieder auf, doch es war zu früh. Ute Steinheber litt unter einer starken inneren Anspannung und Aggression. Das war der Zeitpunkt, zu dem sie wieder mit dem Schwimmsport begann. Der Sport ermöglichte ihr, die Anspannung loszuwerden, ihre Muskulatur aufzubauen und die Probleme wenigstens für einige Zeit zu vergessen. Ute Steinheber legte all ihre Energie dort hinein, nahm an Wettkämpfen teil und erzielte Erfolge. Es war der Beginn einer effektiven Selbstheilung, ein Wendepunkt in ihrem Leben. Es war der Beginn eines ganz neuen Lebens.

Aber das weiß Ute Steinheber erst heute. Damals wurde sie zwar körperlich immer fitter, doch psychisch zehrte der Druck an ihr. Der Beruf, der Druck, Geld zu verdienen, und die hohen Leistungsanforderungen, die andere, aber auch sie selbst, an sie stellten, zermürbten sie. Sie zeigte Symptome eines Burnouts, bekam Angstzustände, stellte sich vor, sie könne während des Schwimmens in einen Mahlstrom geraten oder würde von einem Abwasserrohr in die Tiefe gesogen.

„Ich hatte Angstzustände, Schweißausbrüche, Alpträume, ja sogar Todeswünsche. Ich wollte aussteigen, wollte alles hinter mir lassen. Ich wandte mich erneut an meinen Arzt." Die Verantwortung für ihre Familie hielt sie am Leben. Ute Steinheber wollte kämpfen, für sich, aber vor allem für ihre Töchter. Man warf ihr vor, sie würde flüchten, sie spiele etwas vor, sie würde durchdrehen. Als sie sich zur Selbstrettung in die Klinik einweisen ließ, stieß dieser Schritt in der Familie auf Unverständnis. Aber das war ihr egal.

In der Klinik durchlief sie dankbar und erfolgreich verschiedene Therapien. Die Antidepressiva, die sie bekam, setzte sie später unter psychotherapeutischer Begleitung nach und nach ab. Sie wollte es aus eigener Kraft schaffen. Aufgrund der langen Leidenszeit mit Gedächtnisverlust, Konzentrations- und Denkstörungen war ihr die Wiederaufnahme des Schuldienstes unmöglich. Stattdessen widmete sie sich erneut dem Schwimmen – diesmal mit einer anderen Zielsetzung. Es ging ihr nicht mehr nur ums Gewinnen, um den Erfolg oder die Anerkennung. Das Schwimmen war nicht Mittel zum Zweck, sondern wurde endlich der Zweck selbst. „Ich glaube, man darf nach der Überlastung eines Burnouts nicht in eine Unterforderung danach kommen. Wenn eine Leere entsteht, läuft man Gefahr, diese Leere zu kompensieren, beispielsweise durch Alkohol, Zigaretten oder andere Drogen. Ich habe stattdessen den Sport gewählt, aber darauf geachtet, ihn nicht zu einer Belastung werden zu lassen. Ich hatte Mut, neu durchzustarten, und ich hoffte auf ein gesünderes Leben. Dafür war ich bereit, alles zu geben – wenn ich es nur nicht übertrieb."

Ute Steinheber suchte sich Ziele und Aufgaben, die ihr Freude bereiteten. Die Liebe zum Sport und zur Natur, die sie seit ihrer Kindheit hegte, halfen ihr dabei. Sie baute den Schwimmsport aus, nahm irgendwann wieder an Wettkämpfen teil – und sie gewann sie auch. Ute Steinheber war Mitglied in einer Staffel, zu der auch ein Weltklasseschwimmer gehörte, der 2012 Silber und Bronze bei den Paralympics in London holte.

„Das war so ein großartiges Gefühl, das war wie eine Bestätigung, dass es sich gelohnt hatte. Früher hatte man meine Probleme nicht gesehen – daran war ich natürlich auch selbst schuld, ich habe mich meiner Skoliose und Depressionen geschämt. Das war mir peinlich. Jetzt sah man nicht mehr das, was ich nicht zu leisten imstande war, sondern das, was ich tatsächlich erbrachte. Mir ging es weniger um den Erfolg selbst, als vielmehr um die Wertschätzung, die nicht zuletzt auch von meiner Familie kam."

Sie machte weiter, startete bei den Deutschen Meisterschaften, dann bei den internationalen Deutschen Meisterschaften in Berlin, kämpfte sich von Landesebene auf Bundesebene hoch und gehörte zu den besten Rückenschwimmerinnen ihrer Altersklasse. Sogar für die German Masters in Hannover 2011 konnte sie sich qualifizieren.

Ihr Mann begleitete sie durch dick und dünn. Nach einer schwierigen Zeit während der Depression fanden sie wieder zusammen. Ute Steinheber konnte ihm zeigen, dass sie stark war, dass es bergauf ging, dass sie die Vergangenheit bewältigt hatte und für eine gemeinsame Zukunft kämpfte. Nicht nur ihr Mann, auch ihre Töchter waren stolz auf sie. „Es war ein neues Familienglück, das wir alle gemeinsam zu schätzen lernten. So ist es bis heute, und ich weiß, dass es so auch bleiben wird."

Ute Steinheber hat ein Buch geschrieben, das ihren Weg erzählt. Es trägt den Titel „Tarnkappe". Der Autorenname auf dem Buchcover lautet allerdings nicht Ute Steinheber. Sie hat das Buch unter dem Pseudonym Petra Levator veröffentlicht, unterstützt von einem Leidensgefährten, dem inzwischen verstorbenen Tübinger Sportwissenschaftler Dr. Franz Begov. Heute weiß sie, dass sie sich nicht zu schämen braucht, dass sie vielmehr stolz sein kann auf das, was sie geschafft hat. Denn sie ist ausgebrochen aus dem Teufelskreis von Schmerz, Stress und Depression. Ausgebrochen aus dem Leistungsdruck und übertriebenem Verantwortungsbewusstsein. Ute Steinheber hat sich jahrelang unter der Tarnkappe verborgen, nicht bereit, ihre Belastungsgrenzen auszusprechen. Ihr Buch war der erste Schritt, die Geschehnisse zu verarbeiten, gleichwohl ist es ein Ratgeber für alle, die sich in einer ähnlichen Situation befinden.

Jetzt geht sie den zweiten Schritt, versteckt sich nicht mehr hinter einem Pseudonym. „Ich habe gelernt, dass man sich immer auf das zurückbesinnen kann, was einem wichtig ist, auf das, was Kraft verleiht." Ihre Ursprungsfamilie war mit dem Tod der Mutter zerbrochen. Das wollte sie den beiden Töchtern ersparen. Der Weg war nicht immer leicht, aber es hat sich gelohnt, nicht aufzugeben. Wer an sich glaubt, kann es schaffen. „Meine Ängste und meine Depression haben mich vor Schlimmerem beschützt. Es gibt überhaupt keinen Grund, sich dafür zu schämen. Ich fühle mich heute geradezu befreit und bin glücklich, mein Leben trotz meines Handicaps wieder genießen zu können."

Depressionen, Früherkennung und Strategien

Fachinterview mit Barbara Pausch-Kurtz, Dipl.-Psychologin

Sind Depressionen eine Geißel unserer Zeit – eine neue Art des Menschen, mit der zunehmenden Informationsflut und dem Leistungsdruck der modernen Gesellschaft umzugehen? Wir sprechen mit der Dipl.-Psychologin und Psychotherapeutin Barbara Pausch-Kurtz.

Depressionen sind ein mehrdimensionales Phänomen, erzählt sie uns. Zwar berichten einschlägige Zeitungen und Zeitschriften immer häufiger von Depressionen und Burnout am Arbeitsplatz, hervorgerufen durch ständige Erreichbarkeit und hohen Leistungsdruck. Auch wird die Diagnose Depression deutlich häufiger gestellt als früher. Das bedeutet allerdings nicht zwingend, dass heute mehr Menschen unter Depressionen leiden, vielmehr wurden früher die Symptome nicht richtig erkannt und Klagen über Kopfschmerzen, Schlaflosigkeit, Selbstzweifel, Zukunftsängste, Antriebslosigkeit und andere diffuse körperliche Beschwerden nicht als Signale einer möglichen Depression verstanden. Die Wahrnehmung depressiver Symptome hat sich verändert. Die Lebensbedingungen unserer heutigen Gesellschaft sind nicht unbedingt schwieriger geworden, die Probleme haben mit der Zeit nicht zugenommen, sondern sich verlagert. Was gestern noch schwierig war, ist heute einfach – dafür müssen wir mit neuen Herausforderungen umzugehen lernen.

Menschen, die unter Depressionen leiden, haben häufig ein mangelndes Selbstwertgefühl. Ein Umstand, der es schwierig macht, dieser Erkrankung vorzubeugen. Denn um sich von Depressionen zu befreien, ist es wichtig, über sich selbst und seinen Gefühlszustand sprechen zu können. Genau das fällt während einer Depression schwer. Ein Paradoxon.

Wer unter Depressionen leidet, zweifelt häufig an sich selbst und hat folglich die Sorge, dass andere ein ebenso kritisches Bild bekommen. Die Angst vor fehlender Wertschätzung durch die andern lässt den Depressiven sich eher zurückziehen anstatt über seine Probleme sprechen. Natürlich würde es den Betroffenen helfen, so früh wie möglich den Mut zu fassen, diese Gefühlslage offen anzusprechen – doch eben hier liegt das Problem. Sie können nicht darüber reden, mehr noch, genau darunter leiden diese Menschen. Sie trauen sich nicht, die Angst ist zu groß. Viel zu viel hängt davon ab, wenigstens nach außen hin gut zu funktionieren. Bloß keine Geringschätzung ernten, keine Schwäche zeigen, kein Versager sein. Das ist nicht nur, aber auch, ein gesellschaftliches Problem.

Nach Angaben der Deutschen Depressionshilfe erkrankt jeder fünfte Bundesbürger mindestens ein Mal in seinem Leben an einer Depression – nur ein Bruchteil dieser Menschen erhält eine angemessene Behandlung. Doch es zeichnet sich eine Entwicklung ab, die Hoffnung macht.

Früher war es sehr viel schwieriger, einen Psychotherapeuten aufzusuchen – völlig normal ist es aber bis heute nicht. Zum Psychotherapeuten zu gehen bedeutet, sich eine Schwäche einzugestehen, eine Krankheit, ein Problem. Es ist nicht die Bezeichnung, die problematisch ist, sondern das Eingeständnis: Ich brauche Hilfe. Viel zu häufig setzen wir die Tarnkappe auf und versuchen, unauffällig weiter zu funktionieren. Psychische Erkrankungen waren früher viel tabuisierter als heute. Die Situation für Menschen, die an Depressionen erkranken, hat sich deutlich verbessert. Dennoch ist dies nur ein erster Schritt, die Gesellschaft muss weitergehen und früher erkennen, wenn sich ein Mensch zurückzieht. Familienangehörige, Freunde, Bekannte und auch Arbeitgeber sollten das ansprechen dürfen.

Die Ursachen von Depressionen sind noch nicht abschließend geklärt; es existieren unterschiedliche Erklärungsmodelle. Natürlich können sehr belastende emotionale Ereignisse zu dieser psychischen Erkrankung führen, aber welche Faktoren spielen noch eine Rolle? Schwierig ist eine solche Diagnose immer dann, wenn die Betroffenen unter mehreren Problemen leiden, wenn neben der depressiven Symptomatik auch eine körperliche Beeinträchtigung vorliegt. Ute Steinheber kämpfte an verschiedenen Fronten. Die Ursache einer Depression ist nicht immer trennscharf zu bestimmen, Wechselwirkungen verschiedener Einflüsse können eine Rolle spielen. Entsprechend langwierig gestaltet sich die Heilung.

Frau Pausch-Kurtz empfiehlt, die Depression als eine Störung des psychischen Gleichgewichts zu betrachten, die weder mit Schwäche oder Schuld, noch mit Versagen oder Scheitern gleichzusetzen ist. Wer ein gebrochenes Bein hat, der geht zum Arzt, damit es kontrolliert verheilen kann. Analog dazu sind Depressionen Beeinträchtigungen der Psyche, die fachkundigen Rat und spezielle Unterstützung erfordern, damit eine Heilung möglich wird.

Dass die Depression mittlerweile als Krankheit angesehen wird, hat die Betroffenen zwar von dem Makel des Versagens und Schuldhaften befreit. Auch wird die Behandlung von Depressionen von der gesetzlichen Krankenkasse übernommen, da sie sozialrechtlich den körperlichen Erkrankungen gleichgestellt sind. Andererseits birgt diese Sprachregelung auch eine Gefahr: Sie verleitet zu Passivität und der Vorstellung, dass der Arzt alles zu richten vermag. Die Behandlung von Depressionen verlangt jedoch vom Betroffenen das Gegenteil: Mut, sich zu zeigen und

sich unter fachkundiger Anleitung mit sich selbst auseinanderzusetzen. Dazu gehört, das eigene Selbstverständnis zu klären,
gewohnte Glaubenssätze zu hinterfragen und sich selbst zu akzeptieren. Anders ausgedrückt: die Tarnkappe abzustreifen.

Eine Niedergeschlagenheit, die ein bis zwei Wochen andau-
ert und vom Betroffenen selbst als Reaktion auf ein belastendes
Ereignis gesehen wird, ist noch keine Depression. Wenn diese
Niedergeschlagenheit jedoch über einige Wochen anhält, dem
Betroffenen selbst und auch seinem Umfeld eher unverständ-
lich erscheint, kann man dies als ernst zu nehmendes Signal
betrachten. Familie, Freunde und Bekannte können hier helfen, indem sie den Betroffenen nicht allein lassen und ihm
Mut zusprechen, sich fachkundige Unterstützung bei einem
Psychotherapeuten zu suchen. Je mehr die Gesellschaft die
Depression als eine Beeinträchtigung ansieht, die wie eine körperliche Krankheit auch einer speziellen Behandlung bedarf,
desto leichter wird es sein, sich mit depressiven Symptomen wie
Selbstzweifeln, Niedergeschlagenheit und Angst anderen Menschen anzuvertrauen und darüber zu sprechen.

Empfehlenswert ist das Buch Brampton, Sally: *Das Monster, die Hoffnung und ich: Wie ich meine Depression besiegte*; Bastei Lübbe. 2009. Es erzählt die ehrliche Geschichte einer Depression und zeigt einen persönlichen Weg auf, der Krankheit Herr zu werden.

Ebenfalls empfehlenswert ist das Buch Niklewski, Günter: *Depressionen überwinden – Niemals aufgeben*; Stiftung Warentest. 2012. Das Buch bietet sachliche und hilfreiche Informationen zu Therapien, Medikamenten und dem richtigen Umgang mit der Depression.

Ute Steinheber veröffentlichte unter Pseudonym das Buch: Petra Levator, Dr. Franz Begov: *TARNKAPPE. Schmerz und Depression überwinden. Durchhalten mit Sport.*; Knirsch-Verlag. 2011. Infos auch unter www.petra-levator.de.

Auf der Webseite der Stiftung Deutsche Depressionshilfe unter www.deutsche-depressionshilfe.de erhalten Sie weitere Informationen und Adressen. Empfehlenswert ist das über die Webseite bestellbare Informationsmaterial, darunter zwei Filme für Betroffene sowie Angehörige.

Unter der Adresse www.depressionen-verstehen.de/angehoerige/literatur_fuer_angehoerige/ findet sich eine Sammlung von Literaturempfehlungen zum Thema Depression, Umgang mit der Depression und Wege aus der Krankheit.

Eine Wissensdatenbank, Beratungsstellen und Selbsthilfegruppen finden sich auf der Webseite www.depressionsliga.de, außerdem eine Liste mit weiteren Online-Adressen zum Thema.

Matthias Onken: Bis nichts mehr ging

Burnout nach steiler Karriere, Ausstieg und besseres Lebensmanagement

Mit 12 Jahren wusste Matthias Onken: Er wollte Journalist werden. Vor allem die Sportreporter faszinierten ihn, er hörte ihnen gerne im Radio und Fernsehen zu. Später änderte sich dieser Wunsch und Matthias Onken merkte, dass auch die Politik ein Feld sein könnte, das ihn beruflich auf Dauer zu interessieren vermochte.

Seine schulischen Leistungen waren mittelmäßig, richtig gut war er nur in solchen Fächern, die ihm auch wirklich Spaß bereiteten. In der elften Klasse wechselte er vom Gymnasium an eine Fachoberschule, wo er später das Fachabitur ablegte. „Das war der Moment, in dem ich dachte, dass mir nun alle Türen offen stehen. Ich fühlte mich frei."

Matthias Onken entschied sich gegen das Studium und für ein Praktikum im journalistischen Bereich. Die Faszination für diesen Beruf war wieder da. Er bewarb sich bei einigen Zeitungen und Magazinen, erhielt aber nur Absagen. Ohne journalistische Vorerfahrung war es schwierig, einen Praktikumsplatz zu bekommen. Jemand riet ihm, es bei einem kleineren Blatt zu versuchen, schließlich kam er bei einer kleinen Lokalzeitung unter.

Von diesem Moment an gab er Vollgas. Matthias Onken war willens, rund um die Uhr zu arbeiten. „Ich arbeitete zehn bis zwölf Stunden pro Tag – sieben Tage die Woche. Aber ich wollte es so." Seine Freundschaften legte er auf Eis. Er sagte Termine ab und traf sich kaum noch mit seinen Freunden. Sie bezeichneten ihn als Workaholic. „Das nahm ich als Kompliment. Ich verdiente mein eigenes Geld und beruflich war ich schon viel weiter als meine alten Freunde, die jetzt studierten. Das war alles, was ich gesehen habe. Es fühlte sich gut an."

Er lernte eine Kollegin kennen, verliebte sich in sie, heiratete sie und bekam mit ihr einen Sohn. Das Schicksal schien es gut mit ihm zu meinen. Alles lief bestens. Kurze Zeit später wechselte er zur Hamburger Morgenpost – ein Traum, der in Erfüllung ging.

„Für mich war das das Größte überhaupt", sagt er.

Matthias Onken schrieb für sein Leben gern. Er bekam große Geschichten und war Tag und Nacht im Einsatz. Die Arbeit war wie ein Feuerwerk. Ein Rausch. Er wechselte in die Führungsebene und leitete den Lokalbereich der Zeitung. Das war eigentlich gar nicht sein Ziel gewesen, aber er nahm es gerne mit. Trotzdem machte er sich Gedanken. „Ich war ja erst Anfang 30. Die Kollegen, denen ich jetzt vorgesetzt war, waren teilweise älter als ich. Ob sie überhaupt auf mich würden hören wollen?" Er schien seine Sache gut zu machen und es dauerte nicht lange, bis er weitere Angebote, die Karriereleiter hochzuklettern, bekam. Aber da war noch etwas anderes. Etwas, das nicht stimmte. Matthias Onken spürte das, obschon er nicht im Stande war, es in einen klaren Gedanken zu fassen. Nicht zu diesem Zeitpunkt.

„Ich sagte ja. Ich sagte immer ja. Auch das war wie ein Rausch. Ich habe mir kaum Gedanken gemacht, wohin das führen sollte." Die Arbeit hingegen wurde weniger berauschend und verlor an Motivationskraft. Stattdessen wurde sie zu einer Last und zehrte an ihm. Die neuen Tätigkeitsfelder und Verantwortungen fraßen seine Kraft schneller auf, als er sie regenerieren konnte. Das war es, was er spürte. Er ließ es aber nicht zu. Nicht daran denken. Weitermachen.

Er wurde Chefredakteur der Hamburger Morgenpost. Die Arbeit brachte ihn an seine Leistungsgrenze, als ein Investor einstieg, der sich als Heuschrecke bereits einen Namen gemacht hatte. Es wurde fusioniert und Stellen wurden gestrichen. Nicht nur Matthias Onken, sondern die gesamte Atmosphäre litt darunter. „Ich fühlte mich zerrissen. Einerseits musste ich nun den anderen Verlegern gegenüber loyal sein, andererseits musste ich meinen Mitarbeitern mit der gleichen Loyalität begegnen. Als dann weitere Stellen gestrichen werden sollten, war das zu viel."

Matthias Onken wollte die weiteren Streichungen nicht verantworten. Er stieg aus und reichte seine Kündigung ein. Anschließend wechselte er zur Bild-Zeitung, die ihn gerne nahm. Er wurde Redaktionsleiter der Hamburg-Ausgabe, dem mit Abstand größten Regionalbereich des Blatts. Gleichzeitig wurde die Verantwortung größer. Matthias Onken spürte es. „Ich war auf einmal ein kleines Rädchen im großen Springer-Konzern."

Er freute sich zwar auf die neuen Herausforderungen und auf das, was er würde dazulernen können. Aber er bemerkte auch, dass er erneut an seine Leistungsgrenze ging. „Ich kam in eine Phase, in der ich mehr darüber nachdachte, wie lange ich das noch würde machen können, als darüber, wie meine nächsten Schritte aussehen würden. Eigentlich spürte ich, dass ich kündigen musste."

Es wurde zu viel. Matthias Onken war unausgeglichen, litt an Schlaflosigkeit, an Depressionen. Seine Ehe war bereits gescheitert. Sie hatten sich auseinander gelebt, er war fast nie zu Hause. Seinen Sohn sah er zunächst mehrmals die Woche, aber dann reduzierten sich die Treffen auf die Wochenenden. Seine

Arbeit war sein Leben. Menschen, die keine Journalisten waren, kannte er kaum. Wenn seine Mitarbeiter einen Fehler, der besprochen worden war, wiederholten, fuhr er gelegentlich aus der Haut. Er musste da raus.

„Es drehte sich alles um die Arbeit. Um nichts anderes", erzählt Matthias Onken. Am Abend trank er Alkohol. Nicht genug für einen Rausch, aber so viel, um zumindest nachts abzuschalten. Seit einigen Jahren lebte er praktisch beziehungslos. Das Fundament der Zwischenmenschlichkeit, auf welchem positive Erfahrungen erst entstehen können, war irgendwann weggebrochen. Das und den Stress der Arbeit wollte er betäuben.

„Ich brauchte einen Befreiungsschlag. Ich musste raus, musste weg. Es war zu viel. Ich habe nie von einem Burnout gesprochen, aber als das muss man es wohl bezeichnen. Wäre ich zum Arzt gegangen, hätte er es mir bescheinigt."

Die Entscheidung fiel, als Matthias Onken eines nachts in einem New Yorker Hotelzimmer auf die Stadt unter sich blickte. Sie pulsierte vor Leben. In diesem Moment fühlte sich alles ganz klar und einfach an: Er musste raus. Matthias Onken bereitete seine Kündigung vor. Drei weitere Monate dauerte es, bis er seinen Job hinter sich ließ, doch bereits in dieser Zeit zeichnete sich ab, dass es die richtige Entscheidung gewesen war. Matthias Onken nahm alles gelassener. Er fand eine zweite Frau, bekam mit ihr einen zweiten Sohn. Sie und sein erster Sohn sind seine Familie, die ihm Halt gibt. Gleichwohl sind sie auch Signalgeber, wenn die Arbeit wieder überhand zu nehmen droht.

„Ich glaube, es kommt nicht darauf an, wie viel man arbeitet, sondern wie man es wahrnimmt. Wenn ich mich für ein Projekt so begeistern kann, dass ich einige Tage am Stück nur daran arbeiten möchte, dann nehme ich das als etwas Positives wahr. Wenn es aber zu einer Last wird und die Ressourcen frisst, muss man sich Auszeiten schaffen. Meine Frau und meine Söhne merken das frühzeitig."

Heute ist Matthias Onken seit gut zwei Jahren als Kommunikationsberater für Wirtschaft, Politik und Prominente tätig. Er ist ausgestiegen aus einem Beruf, der zwar seiner Karriere, nicht aber ihm selbst guttat. Ob diese Belastung im System begründet oder an ihm selbst lag, vermag er nicht abschließend zu sagen. Es gibt auch kein Patentrezept, um damit umzugehen. Matthias Onken hat auf sich selbst gehört und entsprechend gehandelt. Er ist immer noch anfällig dafür, sich zu übernehmen. Jetzt weiß er jedoch, rechtzeitig darauf zu achten und sich selbst eine Pause zu gönnen, wenn es zu viel wird.

Die Erfolgsfalle

Fachkommentar von Professor Dr. Matthias Burisch,
Burnout-Institut Norddeutschland

Burnout und Überarbeitung scheinen in den letzten Jahren zu einem Modethema avanciert zu sein. Was kann man tun, wenn sich ein Burnout anbahnt, wie lässt es sich verhindern? Können wir aus Matthias Onkens Geschichte etwas lernen? Professor Dr. Matthias Burisch vom Burnout-Institut Norddeutschland gibt Auskunft.

„Prognosen sind schwierig, besonders wenn sie die Zukunft betreffen", sagte der Physiker Niels Bohr. Entsprechend könnte man sagen: „Ferndiagnosen sind schwierig, besonders, wenn man die Person nicht kennt." Nach dieser Einleitung ein paar Gedanken zum Fall Matthias Onken. Erst einmal: Eine steile Karriere mit anschließendem Absturz ist nichts Häufiges, auch wenn der Burnout-Hype der letzten Jahre uns das glauben machen könnte.

Ausbrenner können grob in zwei Gruppen unterschieden werden: Opfer der Umstände und Selbstverbrenner. Erstere sind häufiger. Zu ihnen zählen beispielsweise alle, die ohne eigenes Zutun ihren Job verloren haben und trotz großer Anstrengungen keinen neuen finden. Aber auch eine gescheiterte Ehe oder die plötzlich hereinbrechende Pflegebedürftigkeit der Eltern können in eine Fallen-Situation führen, in der einem alles über den Kopf wächst.

Selbstverbrenner machen sich ihren Stress selbst. Sie sind gesteuert von inneren Antreibern, die ihnen höchstens vage ins Bewusstsein dringen. Von außen betrachtet können solche

Menschen auch anders; sie finden aber den Ausweg aus ihrer Falle erst spät, weil der Preis zu hoch erscheint.

Reale Burnout-Fälle liegen irgendwo zwischen diesen Extremen. Matthias Onken wirkt eher wie ein Selbstverbrenner Zunächst verlief seine Karriere eher „normal": normale Schullaufbahn, normaler Berufseinstieg. Anscheinend gab es aber den unbändigen Drang, es „denen zeigen" zu wollen – und die Bereitschaft, diesem Drang alles unterzuordnen, über alle Grenzen zu gehen, eigene und fremde. Dann die Initialzündung. Jäher Erfolg, viel schneller als die Konkurrenz. Das kann süchtig machen, freiwillig steigt man da nicht aus.

Dafür, dass der Rausch nicht allzu lange anhielt, bieten sich zwei Erklärungen an. Die Psychologie kennt den Begriff der Sättigung: Selbst das Schönste, das man sich vorstellen kann – Klavier spielen, an einem Pool liegen, schreiben –, wird einem über, wenn man nichts anderes tut.

Im Fall von Matthias Onken ist die zweite mögliche Erklärung wahrscheinlich die treffendere: Wenn man führen soll, muss man führen wollen.

Viele Führungskräfte teilen dieses Problem: Sie sind Vorgesetzte, wollen und können aber nicht führen. Das erhöht die Burnout-Gefahr für ihre Mitarbeiter, aber auch für sie selbst.

Und dann die Verantwortung: Als Chefredakteur oder Redaktionsleiter einer Boulevardzeitung braucht man Souveränität gegen Angriffe, die sich auch auf Dinge richten können, die andere verbockt haben. Berater haben es da leichter: Sie können mit eigenen Ideen brillieren, müssen diese aber nicht umsetzen. Und nicht den Kopf hinhalten, wenn etwas nicht so klappt wie erwartet.

Daraus lassen sich wichtige Merksätze ableiten:

1: Schätze Risiken und Nebenwirkungen ab, bevor du dich in eine Karriere stürzt, deren Dynamik du nicht wirst steuern können!

Hätte Matthias Onken sich rechtzeitig aus seiner Falle befreien können? Vermutlich nicht. Der anfängliche Rausch war wie der von Koks, schon mal nicht das, was man für klares Denken braucht. Später, als alles bergab ging, war es erst recht nicht möglich.

2: Wenn die Krise da ist – Nimm dir Zeit und denke nach! Und bleib dabei nicht allein!

Hätte seine erste Frau eingreifen können? Ja, aber das wäre ein Himmelfahrtskommando gewesen. Man muss Ausbrennern dieses Typs sehr früh die Pistole auf die Brust setzen: Entweder die Arbeit oder ich! Und das Risiko, dass der Ausbrenner dann die Sucht wählt, ist hoch.

3: Bedenke Risiken und Nebenwirkungen, bevor du dich an einen Selbstverbrenner bindest! Lass dich von der Aura des Erfolgreichen nicht zu stark faszinieren. Sorg für dich selbst.

Ausbrennern geht es in erster Linie um die existenzielle Frage: Ist mein Leben etwas wert? Bin ich etwas wert?

Für immer mehr Menschen hängt die Antwort auf diese Frage allein von beruflichen Heldentaten ab. Ein Kind gesund großgezogen zu haben – in einer komplexen Gesellschaft wie der unsrigen hätte man dafür einen Orden verdient –, zählt immer noch viel zu wenig, verglichen mit einer Sprosse auf der Karriereleiter oder anderen Erfolgen. Diese Erkenntnis stellt sich beim Selbstverbrenner jedoch erst spät ein. Nahezu jeder, der ein Burnout durchgestanden hat, sagt anschließend: Erst hinterher hab ich gemerkt, wie wichtig die Menschen um mich herum sind!

4: Bedenke rechtzeitig, welchen Stellenwert menschliche Bindungen für dich besitzen! Und verteile deine Ressourcen dementsprechend – opfere nicht alles deiner Selbstverwirklichung.

Adressen und Literaturhinweise zur Burnout-Erkrankung

Sehr ausführlich wird Matthias Onkens Geschichte in seinem Buch beschrieben, das Interessierten und Betroffenen gleichermaßen zu empfehlen ist. Onken, Matthias: *Bis nichts mehr ging: Protokoll eines Ausstiegs*; rororo. 2013.

Kaum noch ein Geheimtipp ist das Buch Schmitz, Ingo & Jeß, Birte: *freigelassen – iBurn-out: Zeit fürs Wesentliche. Eine Reise in die Gelassenheit von Alaska bis Feuerland*; freigelassen-Verlag. 2012. Das Buch ist eine Mischung aus der Beschreibung der Burnout-Krankheit und einer befreienden und lehrreichen Reise danach.

Ebenfalls empfehlenswert ist das Buch Prieß, Miriam: *Burnout kommt nicht nur vom Stress: Warum wir wirklich ausbrennen – und wie wir zu uns selbst zurückfinden*; Südwest Verlag. 2013. Der Ratgeber erkundet die Ursachen der Burnout-Erkrankung über die Grenzen des konventionellen Denkens hinaus und hilft Betroffenen, den Blick für ihre eigene Identität zu schärfen.

In nahezu jeder Stadt gibt es Beratungszentren für die Burnout-Erkrankung, die sich nicht nur an Betroffene, sondern auch an Angehörige richten. Wer übermäßigem Stress und Druck ausgesetzt ist, kann zu diversen Präventionsangeboten greifen. Solche Seminare, Gespräche und Coachings bietet beispielsweise INTURE unter der Adresse www.burnoutberatung-frankfurt. de. Auch an eine psychologische Praxis kann man sich wenden.

Kurt Müller: Endlich frei

Wiederaufbau nach Unfall und finanziellem Ruin

Heute lebt Kurt Müller im Schwarzwald. Das Leben, auf das er zurückblickt, ist geprägt von Tatkraft, Erlebnissen und vielen Erfahrungen. Auf und ab ging es immer – einmal jedoch stand er vor einem Abgrund, der ihn zu verschlingen drohte.

„Ich wurde im Sudetenland geboren, der heutigen Tschechoslowakei. Als ich etwa 10 Jahre alt war, kamen die Russen. Ich stamme aus einer armen Familie. Wir kamen dann nach Deutschland und dort ging es weiter."

Kurt Müller lernte Schlosser, er galt als fleißig und lernwillig. Seine Prüfung bestand er gut und wurde anschließend vom Betrieb übernommen. Als die Firma schwierige Zeiten durchmachte und massiv Stellen abbaute – die Belegschaft wurde von etwa 100 auf 30 Mitarbeiter reduziert –, konnte er bleiben.

Mit einem Freund ging er auf Weltreise. Seine Reiselust ließ ihn auf einem Tanker anheuern, mit dem er auf der ganzen Welt herumkam. Während dieser Zeit lernte er seine zukünftige Frau kennen und entschloss sich, zu bleiben. Er fand einen Arbeitsplatz in der Nähe, kurz darauf heirateten sie. Zwei Jahre später wurde der erste Sohn geboren. Als Ausbilder der Schlosser-Lehrlinge in einem Maschinenbauunternehmen verdiente er den Unterhalt für sich und seine Familie. Als diese größer wurde, nahm er in einem Bergwerk im Rheinland einen besser bezahlten Job an. Die Tochter wurde zehn Jahre später geboren.

„Ich habe gearbeitet wie ein Besessener. 50 Stunden die Woche, häufig mehr – das war normal. Manchmal zog ich den

Neid einiger Kollegen auf mich, weil ich die Stellen bekam, die eigentlich sie haben wollten", erzählt er.

Kurt Müller fand stets neue Herausforderungen, teilweise auch in anderen Firmen. Seine Karriere ermöglichte ihm den Bau eines 250 m² großen Hauses. Später war er im Außendienst tätig und bereiste erneut die ganze Welt. Sein Geld setzte er sparsam ein, nutzte es für die Familie sowie die Abzahlung und den Erhalt des Hauses.

Er war stolz auf das, was er geleistet hatte. Kurt Müller liebte Herausforderungen, den Reiz des Neuen. In seiner Freizeit fuhr er Motorradrennen, selbst die Sturzübungen im Training machten ihm Spaß. „Man lernte, richtig zu fallen. Das ist eine wertvolle Kenntnis", berichtet er.

Während eines Trainings ereignete sich dennoch ein folgenschwerer Unfall. Kurt Müller überschlug sich und blieb bewusstlos liegen. Mit schweren Verletzungen wurde er ins Krankenhaus eingeliefert.

Die Ärzte diagnostizierten ein Blutgerinnsel im Gehirn, ein Teil seiner Erinnerungen war ausgelöscht. Freunde und Bekannte standen neben seinem Krankenbett und sprachen über ihn. „Die haben gar nicht gemerkt, dass ich alles mitbekommen habe. Ich war aber nicht im Stande, etwas zu sagen. Ich konnte mich nicht bewegen."

Als er seine Arbeit in der Firma wieder aufnehmen wollte, wurden die Folgen des Unfalls deutlich: Kurt Müller konnte kaum noch gerade laufen. Der einstige Leistungsträger war zu einem lästigen Anhängsel geworden.

Es folgte eine Herzoperation, bei der vier Bypässe gelegt wurden. Kurz darauf wurde er in einen Unfall auf der Autobahn verwickelt und sein Dackel überfahren. Schuld war ein anderer gewesen.

In dieser Zeit wendete sich seine Frau von ihm ab. Sie erzählte, Kurt Müller sei zu einem Krüppel geworden. „Freunde sagten mir, dass sie Trost bei jemand anderem suchte. Kurz darauf reichte sie die Scheidung ein." Dieser Schritt brachte Kurt Müller an seine Grenzen. Er konnte nicht mehr. „Ich musste mir Luft machen. Das war zu viel. Ich nahm einen Hammer und schlug einen Schrank kaputt." Es war wie ein Befreiungsschlag. Kurz darauf fuhr ein Krankenwagen vor: Kurt Müller wurde in die geschlossene Psychiatrie eingeliefert.

„Die Nacht in dieser Anstalt war die schlimmste, die ich je hatte", erzählt er. Das Gespräch mit einem Arzt ergab hingegen, dass er gesund sei, und er wurde entlassen. Was blieb, waren die Schmerzen, die ihn seit seinem Unfall plagten. „Als ich wegen dieser Schmerzen in einer Klinik war, bekam ich durch Zufall mit, dass meine Frau den Möbelwagen bestellt hatte. Sie ließ alles aus dem Haus räumen, was ihr gefiel. Selbst das Geschirr meiner Mutter packte sie ein. Ich habe es dann wieder ausgepackt." Er war so angeschlagen, dass er kaum reagieren konnte. Sie räumte beinahe alles aus. „Sie können sich nicht vorstellen, wie mich das getroffen hat. So etwas darf man doch nicht einfach machen!"

Kurt Müller musste das Haus unter Zeitdruck unter Wert verkaufen, um seine Frau auszuzahlen. Er war wie in Trance, er funktionierte, aber er lebte nicht. Im Spielcasino verlor er weiteres Geld, ließ aber schnell wieder davon ab. Es musste sich etwas ändern. Aber was?

„Die restlichen Möbel warf ich in einen Container. Es blieben Schulden und Forderungen der Bank, weil keine Tilgungen mehr erfolgt waren. Ich war absolut am Ende, war körperlich angeschlagen, hatte mein Haus verloren, meine Frau, auch die Nähe zu meinen Kindern. Geblieben waren Schulden."

Zu diesem Zeitpunkt war Kurt Müller 58 Jahre alt. Er begann erneut zu reisen und wanderte im Schwarzwald. Das Laufen hatte eine beruhigende Wirkung auf ihn, aber seine finanziellen Probleme löste es nicht. Er kündigte seine Stelle und suchte sich einen neuen Job. Er musste den Neuanfang wagen.

„Dann lernte ich ein junges Paar kennen. Er war Seminarleiter und Coach. Wir haben viel beisammengesessen und geredet. Ich erzählte ihm meine gesamte Lebensgeschichte, schüttete ihm mein Herz aus. Der junge Mann begann plötzlich, meine Probleme auf die Servietten des Restaurants zu schreiben, in dem wir saßen."

Der Tisch füllte sich zusehends mit Problemen, notiert auf Servietten. Sein ganzes Leben lag vor Kurt Müller ausgebreitet. Der junge Mann begann die Servietten zu sortieren und ordnete sie verschiedenen Bereichen zu: Erlebnisse, offene Baustellen und weitere Kategorien. „In diesem Moment wurde mir klar, dass ich die schmerzlichen Erlebnisse verarbeiten und die noch offenen Baustellen aktiv angehen musste."

Während zweier weiterer, nächtlicher Gespräche mit dem jungen Mann entwickelte Kurt Müller eine neue Lebensplanung. Er löste sich von der Vergangenheit und schaute in die Zukunft.

„Meine größte Baustelle war meine finanzielle Belastung und die drohende Privatinsolvenz. Ich hatte fast alles verloren und Forderungen von einer Bank in Höhe von 125.000 DM."

Nach dem Urlaub gelang es ihm, die Bank davon zu überzeugen, eine einmalige Zahlung von 25.000 DM zu akzeptieren. Den gesamten Betrag hätte er ohnehin nie zurückzahlen können. Aufgrund seines rentennahen Alters, seiner inzwischen bestätigten Berufsunfähigkeit und der geringen finanziellen Mittel willigte die Bank ein. Der junge Mann steuerte einen Teil des Geldes bei, im Gegenzug half Kurt Müller ihm bei einem Umbau.

Kurt Müller konnte wieder in die Zukunft blicken. Die Schuldenfreiheit bedeutete einen wichtigen Schritt in die neue Selbstständigkeit. Er raffte sich auf, suchte sich erfüllende Beschäftigungen und machte weiter. „Ich habe nie aufgegeben. Egal, was passiert ist. Ich habe stets versucht, nach vorne zu denken."

Seine Lust zu reisen hat er nie verloren. Einige Jahre später lernte er eine Frau kennen, die ihn fortan auf seinen Reisen begleitete. „Inzwischen war ich ein Dutzend Mal in der Karibik. Ich hege keinen Frust oder gar Hass. Die Vergangenheit ist vorbei, das Leben findet jetzt statt. Ich mache das Beste daraus. Mein altes, großes Haus, wäre inzwischen ohnehin viel zu groß für mich. Die neue, kleine Wohnung, kann ich besser alleine lassen, wenn ich die Welt entdecke!"

Kraft durch Glück und Lebensmut

Fachkommentar von Ulrich Kramer, Dipl.-Psychologe und Begründer des „Mindwalking"

Es sei ein Wunder, dass der Mensch angesichts der Gewissheit des Todes überhaupt den Mut zum Leben habe, sagte mir einmal der Leiter einer Palliativklinik.

Die Bemerkung des Arztes enthält eine tiefe Wahrheit. Denn dass wir leben, lässt sich nicht abstreiten. Von Tag zu Tag leben wir. Wir wachen morgens auf, stellen fest, dass wir leben, und machen uns an die Arbeit. Trotz aller Hindernisse und Widrigkeiten bringen wir jeden Tag erneut die Kraft auf für den nächsten Tag, für die nächste Woche, das nächste Jahr – für unsere Zukunft. Ohne Zukunft hätte das Leben keinen Sinn, da könnte man sich auch gleich vor den Zug werfen. Tut man aber nicht. Solange man eine Zukunft sieht, will man weiterleben. Man gibt die Hoffnung nicht auf.

Manche geben sich und die Hoffnung auf, wenn es ihnen zu turbulent wird und das geregelte Leben aus den Fugen gerät. Das Beispiel von Kurt Müller zeigt anschaulich, wie schnell das gehen kann. Auf einmal steht man vor einem Scherbenhaufen und muss praktisch neu beginnen.

Wieso gelingt es dem einen, sich wieder aufzuraffen, und der andere scheitert an den Widerständen? Wieso bringt man angesichts der voraussehbaren Begrenztheit des Lebens überhaupt den Mut für den nächsten Tag auf?

Lebensmut bedeutet Zukunftsmut. Doch woher kommt er?

Wir haben Visionen, Wunschträume, Ideale – und streben nach deren Verwirklichung. Vordergründig geht es dabei um sinnliches Erleben, um Abwechslung und Abenteuer, um größer, teurer, höher, schneller, weiter.

Mit einem schnellen Motorboot über die glitzernden Wellen des weiten Meeres zu rasen ist ein sinnlicher Rausch. Doch der Sinnesrausch ist nicht alles. Was uns viel mehr begeistert, ist das Gefühl von Freiheit, Kraft und Grenzenlosigkeit.

Freiheit, Kraft und Grenzenlosigkeit sind Zustände, die wir ersehnen und von denen wir nicht genug bekommen können. Zustände des Seins, nicht Zustände des Körpers, die in der spirituellen Natur des Menschen angelegt sind.

Auch unsere Gesundheit, die wir uns möglichst lange erhalten wollen, ist ein Zustand des Körpers. Mit einem gesunden Körper sind wir frei und können kraftvoll über Grenzen hinauswachsen. Ein gesunder Körper ermöglicht uns glückliche Zustände. Ihn zu pflegen, ist nur vernünftig.

Wer es sich leisten kann, kauft sich ein teures Motorboot, um einen glücklichen Zustand zu erleben. Wem hingegen die nötigen finanziellen Mittel fehlen, begnügt sich mit einfacheren Mitteln. Er fährt mit dem Fahrrad in den Stadtpark, spielt dort Fußball und erlebt auf diese Weise Freiheit, Kraft und Ungebundenheit. Jeder verwirklicht den Wunsch glücklich zu sein nach seinen Möglichkeiten und Vorstellungen – manche mit lebensgefährlichen Sportarten, manche mit Alkohol, Kokain oder anderen Drogen. Der Körper kann dabei auf der Strecke bleiben.

Gerade hieran zeigt sich, wie unbändig stark dieser Wunsch nach Freiheit, Kraft und Ungebundenheit sein kann: so stark, dass man sogar den Körper dafür opfert. Kurt Müller musste erfahren, dass eine gefährliche Sportart in einer Katastrophe enden kann. Der Sturz und dessen Folgen haben sein Leben von Grund auf verändert.

Einschneidende Erlebnisse wie dieses machen deutlich, dass gutes Essen, teure Restaurants, der neue Sportwagen, das Haus in Südfrankreich, der Urlaub auf den Malediven, der sportliche Kick nur vordergründig sind. Sinnliche Bedürfnisse werden befriedigt, weiter nichts. Doch der Körper ist bald satt und die Sinne sind bald stumpf – um was also geht es wirklich?

Es geht um eine spirituelle Dimension. Denn nicht der Körper sehnt sich nach Freiheit, Kraft und Grenzenlosigkeit, sondern vielmehr wir selbst als die geistigen Wesen, die wir sind.

Der Körper will leben. Versorgt und umhegt man ihn liebevoll, ist er zufrieden. Wer jedoch Freiheit will, Grenzenlosigkeit, wer Visionen, Wunschträume und Ideale erfüllt sehen will, das sind wir als geistige Wesen. Dafür strengen wir uns an, dafür kämpfen wir. Das ist die Quelle unseres Lebensmuts.

Im tiefsten Inneren wissen wir: Wir schaffen es. Dieses Urvertrauen ließ auch Kurt Müller nicht aufgeben. Er wusste, dass er die Rückkehr ins Leben schaffen würde. Statt sich in Gram und Bedauern über den Rückschlag zu vergraben, schaute er nach vorn. Dass er schließlich den Coach traf, dass die Entschuldung möglich wurde – war das nur Glück? Oder hat seine innere Haltung dazu beigetragen, dass sich das Blatt für ihn wendete?

Die Geschichte von Kurt Müller zeigt beispielhaft, wie man Rückschläge und Turbulenzen erfolgreich bewältigen kann. Gelassenheit, Zuversicht, Vertrauen und die Ausrichtung auf die Zukunft bildeten das Fundament für den Lebensmut dieses Mannes.

Empfehlenswert ist das Buch Sher, Barbara & Smith, Barbara: *Ich könnte alles tun, wenn ich nur wüsste, was ich will*; Deutscher Taschenbuch Verlag. 2005. Das Buch ist ein praktischer Leitfaden zur Verwirklichung der eigenen Ziele, die auf den persönlichen und individuellen Talenten jedes Einzelnen aufbauen. Interessant ist das Buch vor allem für jene, die mit ihrer Situation unzufrieden sind, aber noch nicht den Mut fassen konnten, etwas zu verändern oder gar nicht wissen, was sie überhaupt verändern sollen.

Ebenfalls empfehlenswert – für Betroffene und Interessierte gleichermaßen – ist das Buch Kramer, Ulrich: *MindWalking: Unbelastet in die Zukunft*; Jentschura. 2008. Beschrieben wird eine Technik zur Persönlichkeitsentwicklung und zum Lösen von inneren Blockaden und Schranken. Anhand zahlreicher Fallbeispiele wird die Theorie nicht trocken, sondern anschaulich dargelegt.

In diesem Kontext ist das Seminar *Die Kunst, Glück und Erfüllung zu finden* von Christian Bischoff zu nennen, das Sie unter der Adresse www.christian-bischoff.com finden. Das Seminar vermittelt Techniken und Ansätze, sich von negativen Emotionen zu befreien und fokussiert die Bausteine für eine erfüllende Ehe bzw. Partnerschaft.

Lothar Tenbensel: Mit 360 Tabletten nach Italien

Neubeginn und Schmerzfreiheit nach Zusammenbruch

Auf den neuen Wohnwagen mit einer Länge von über 7,5 Metern und der besten Ausstattung hatte Lothar Tenbensel lange gespart. „Wegen der üblichen Hektik hatte ich für die notwendigen Arbeiten kaum Zeit eingeräumt. Egal, umrangieren, einpacken, effizient sein."

Als er den Wohnwagen an das Auto koppeln wollte, passierte das Unglück. Dass das Gewicht des neuen Wohnwagens viel höher war als das des alten, hatte Lothar Tenbensel ausgeblendet. „Ich war viel zu beschäftigt, um mich mit solchen Gedanken aufzuhalten. Wie alles in dieser Zeit musste auch das schnell gehen."

Als er sich an der Kupplung des Wohnwagens zu schaffen machte, drehte sich das mehrere Tonnen schwere Gefährt zur Seite weg. Lothar Tenbensel stemmte sich gegen das Vorderteil, damit es nicht auf den Boden schlagen konnte. Es war ein Reflex. Dann zerbrach etwas in seinem Rücken. „Es fühlte sich an, als ob mich ein Blitz getroffen hätte", erinnert er sich.

Der anschließende Arztbesuch brachte zunächst wenig Klarheit. „Man ging von einem normalen Hexenschuss aus, kaum der Rede wert. Es war aber schnell klar, dass mehr passiert sein musste. Irgendetwas war kaputt gegangen."

Die Schmerzen, die Lothar Tenbensel plagten, nahmen zu. In gleichem Maße musste die Dosis der Schmerzmittel erhöht werden. Erst eine erneute Untersuchung zeigte die starke Verletzung der Wirbelsäule. „In der darauf folgenden Behandlung wurde mir über einen Katheter Flüssigkeit in die Wirbelsäule verabreicht. Ich war damals wie dauerbenebelt und habe einfach allem zugestimmt, was die Ärzte mir vorschlugen. Hauptsache, die Schmerzen gingen weg. Das war der einzige klare Gedanke, den ich fassen konnte."

Die Behandlung, die aufgrund der komplizierten Verletzung nötig war, schlug nicht an. Später berichtete man ihm, dass 13 von 14 Patienten positiv darauf reagieren würden. Er aber nicht. „Egal. Weitermachen. Bloß die Schmerzen vertreiben. Das dachte ich damals." Also stellte er sich in verschiedenen Krankenhäusern vor und bat um eine Operation. Seine Bitten wurden abgewiesen. Das Problem in seinem Rücken? Irreparabel.

„Mit jedem Schritt spürte ich, dass es nicht mehr so war wie früher. Mein rechtes Bein konnte ich nicht mehr richtig heben und es zog nach. Treppen waren eine unüberwindbare Hürde. Meinen Kopf konnte ich leicht nach links drehen, mehr nicht. Der Rücken war steif wie ein Brett. Beim Wasserlassen fühlte es sich taub an. Und all das begleitet von Schmerzen, die nicht aufhörten."

Lothar Tenbensel musste seine berufliche Karriere aufgeben. Der ehemals gefragte Bauleiter, der vor allem für die Fähigkeit, anspruchsvolle Baustellen meistern zu können, bekannt gewesen war, konnte nicht mehr arbeiten. „Ich hatte immer alles im Griff, war immer termingerecht fertig. Effizient und gut. Jetzt hatte ich nicht mal mehr meinen eigenen Körper im Griff."

Er beschäftige sich mit seinem Körper, lotete seine Fähigkeiten aus. Erst allmählich realisierte er, dass die Verletzung nicht, wie ursprünglich angenommen, irgendwann heilen würde. Sie war permanent. So, wie es die Ärzte prophezeit hatten. Irreparabel. „Natürlich habe ich alles versucht. Die ambulante Reha im Krankenhaus brachte nur mäßigen Erfolg. Auch das Reha-Zentrum in Bochum konnte nichts tun. Die Schmerzen trieben mich langsam, aber sicher in den Wahnsinn."

Auch der Aufenthalt in einem weiteren Reha-Zentrum und eine Kur ein halbes Jahr später änderten nichts an seiner Verfassung. Es dauerte eine Weile, bis Lothar Tenbensel sich damit abfinden konnte. Erst dann beantragte er einen Arbeitsunfähigkeitsbescheid.

„Es blieb bei dem Versuch. Ich konnte nicht stehen, nicht liegen, nicht sitzen, nichts heben. Ich konnte noch nicht mal richtig essen. Und immer diese Schmerzen." Die Landesversicherungsanstalt lehnte den Antrag auf Arbeitsunfähigkeit und eine Rente ab. „Die Dame im Amt sagte mir, ich solle Sozialhilfe beantragen."

Davon aber hielt sein Stolz ihn ab. Obschon sich Lothar Tenbensel ungerecht behandelt fühlte, wollte er dem Staat nicht auf der Tasche liegen. Also nahm er Gelegenheitsjobs an und hielt sich damit über Wasser. Immer, wenn die Anforderungen stiegen, musste er sich zurückziehen und von vorn beginnen. Er war nicht belastbar, nicht stabil. Die Frage, warum er trotzdem nicht aufgegeben hat, kann er selbst kaum beantworten: „Ich wollte nicht aufgeben, etwas in mir weigerte sich zu glauben, die Schäden seien irreparabel." Es lag außerhalb seiner Vorstellungskraft. Lothar Tenbensel war es nicht gewohnt, aufzugeben – wie früher bei seinen Baustellen. „Da hat man auch nicht einfach aufgehört, wenn es schwierig war!"

Zu dieser Zeit verstarb seine Mutter. Ihr Tod beschäftigte ihn mehr, als er es für möglich gehalten hätte. Lothar Tenbensel war mit der Endlichkeit des Lebens konfrontiert.

Ein Wasserbett brachte die erste Erleichterung. Er konnte wieder mehrere Stunden am Stück schlafen. Seine Augen glänzen, als er davon erzählt, wie er begann, neue Hoffnung zu schöpfen. Ein paar Stunden Ruhe, ein paar Stunden Schmerzfreiheit. Das war für ihn das Größte. Eines Tages rief sein Bruder an, der sich einen Wirbel gebrochen hatte und für ein Jahr arbeitsunfähig war. Früher hatten sie sich sehr gut verstanden, später jedoch aus den Augen verloren. Die Krankheit brachte sie erneut zusammen.

Die vielen Schmerztabletten zeigten Nebenwirkungen. Lothar Tenbensel wusste, dass es so nicht mehr weitergehen würde. Durch einen Zufall stießen er und sein Bruder auf ein Inserat für ein Jahresabonnement einer Therme und buchten es. Es war der Tag, an dem sie ihr Schicksal selbst in die Hand nahmen.

Sie gestalteten ihr eigenes Trainingsprogramm und absolvierten jeden Morgen ein Aufbautraining, besuchten die Sauna, schwammen und bekamen gelegentlich eine Massage. Sie entspannten sich und wiederholten das Training am Nachmittag. Fast jeden Tag. „Wir machten alles zu zweit, das war wichtig. Wir haben uns gegenseitig motiviert. Immer, wenn es einem von beiden schlecht ging, war der andere für ihn da. Alleine hätte ich es vielleicht nicht geschafft." Die gesamte Fußball-Weltmeisterschaft 2006 sah er sich in der Therme an. Die Schmerzen besserten sich, aber sie besserten sich nur langsam. Schmerztabletten brauchte er nach wie vor täglich.

Eine kleine Anzeige erregte schließlich seine Aufmerksamkeit; die Annonce einer Firma in Deutschland, die Wohnwagen in Italien vermietete und eine Reinigungskraft suchte. Lothar Tenbensel wollte schon immer für eine längere Zeit in Italien leben, er kannte die Gegend seit 1959 und liebte Land und Leute. Er überlegte nicht lange, rief an und wurde zu einem

Vorstellungsgespräch eingeladen. Vor ihm hatten sich bereits mehr als 60 Bewerber vorgestellt, trotzdem stellte ihn die Firma ein. Eine Woche später begann sein neues Leben.

360 Schmerztabletten nahm er mit, den Vorrat für ein ganzes Jahr. Es hatte einige Überredungskunst gekostet, den Arzt zu bewegen, ihm eine solche Menge zu verschreiben. In Italien stellte er sich einen neuen Trainingsplan auf. Die Arbeit ließ ihm einige Freiräume, sodass genügend Zeit für seine Übungen blieb. Weitere seiner Fähigkeiten wurden gebraucht: Er brachte sein Wissen im Bereich Akquise, Kundenbetreuung und des technischen Services ein. Die Arbeit begann Spaß zu machen und das südliche Klima tat ihm gut. Immer wieder legte er sich in den heißen Sand und merkte, wie sich sein Rücken entspannte. „Erst dann ist mir klar geworden, dass die vielen Stunden auf dem kalten Bagger nicht gesund waren. Sie haben mir nicht gut getan. Anscheinend musste es krachen, damit ich zur Besinnung kam."

Die Schmerzen besserten sich. Tag für Tag absolvierte Lothar Tenbensel sein Trainingsprogramm, er hörte auf seinen Körper und beobachtete sich selbst dabei, wie er seine Körperfunktionen nach und nach zurückeroberte. „Ich wollte schon immer nach Italien, habe oft darüber nachgedacht. Aber es war mir nie gelungen, länger zu bleiben. Ich war wie in einem Hamsterrad. Funktionieren und das möglichst effizient. Da denkt man irgendwann an nichts anderes mehr."

Als er seit zwei Monaten in Italien lebte, ließ Lothar Tenbensel eines Tages die Schmerztablette weg. Es funktionierte. Die Schmerzen kamen nicht zurück. Bis heute nicht.

„Ich habe gelernt, wie ein Pferd zu arbeiten, das war normal für mich. Alle Zeichen, dass das auf Dauer nicht gut sein kann, habe ich ignoriert. Manchmal konnte ich kaum vom Bagger aufstehen." Die Gedanken an Italien, der Wunsch, den Job in Deutschland hinter sich zu lassen und in Italien ein neues Leben zu beginnen, hatte er immer beiseite geschoben. „Ich wollte das Leben auf später verschieben." Er lacht. Lothar Tenbensel wirkt sehr entspannt, die müden Tage sind vorbei. „Ich genieße mein Leben hier im Süden. Ich mag meinen Beruf, meine Freizeit und meinen Sport. Außerdem habe ich eine wundervolle Partnerin gefunden." Heute führt er ein Leben ohne den täglichen Stress. Und ohne die Schmerzen.

Wege aus der Lebenskrise

Fachinterview mit Ulrike Börner, Dipl.-Theologin und Lebensberaterin

Eine Krise ist eine schwierige Situation, in der oft eine ebenso schwierige Entscheidung getroffen werden muss. Gerade wenn wir in einer Lebenskrise stecken, wachsen uns Entscheidungen schnell über den Kopf und Probleme erscheinen unüberwindbar. In einer solchen Situation muss sich niemand alleingelassen fühlen, es gibt Wege aus dem Tal. Wir sprechen mit der Lebensberaterin und Dipl.-Theologin Ulrike Börner.

Eine Lebenskrise entsteht meistens nicht plötzlich, sondern eine schwierige und belastende Situation entwickelt sich eher langsam auf eine größere Krise zu. Oft bemerken wir zunächst gar nicht, dass wir immer weiter in eine Krisensituation hineinrutschen. Meist beginnt dies mit einer Einwirkung von außen, einer Veränderung in unserem Alltag, die uns häufig vor eine schwierige Entscheidung stellt, die wir nur ungern treffen. Die Frage, ob der Partner auch wirklich der richtige ist, kann z.B. zu so einer Entscheidungssituation führen. Auch andere Veränderungen im Leben, etwa im Beruf, zusätzliche familiäre Belastungen oder auch finanzielle Schwierigkeiten können den Anstoß dafür geben, dass unser Leben sich in eine Richtung zu entwickeln beginnt, die wir immer mehr als bedrückend empfinden. Diese Ereignisse, die den Stein ins Rollen bringen, sind oft höchst individuell, die Lebenskrise, die sich daraus entwickeln kann, erlebt jeder unterschiedlich. Häufig addieren sich mehrere Ereignisse und ergeben ein Gewicht, das auf unseren Schultern lastet. Wir empfinden viele sonst eher einfache Aufgaben dann als anstrengend und nehmen sie zunehmend als nicht zu bewältigende Belastungen wahr. Das können ganz alltägliche Details sein wie etwa das Rausbringen der Mülltonne.

Auch der Körper reagiert oftmals auf die erhöhte Belastung, versucht uns mitzuteilen, dass etwas in unserem Leben aus dem Lot geraten ist: Wir sind unkonzentriert, schlafen schlecht oder werden sogar ernsthaft krank. „Hallo, horch in dich hinein", scheint er zu rufen. „Da stimmt etwas nicht! So geht es nicht mehr weiter! Du musst unbedingt etwas ändern!"

Kaum jemand versteht diese Signale sofort und erkennt selbst dann oft noch nicht, dass er in einer ernst zu nehmenden Krise steckt. Häufig versuchen wir erst einmal, unser Leben wieder in den Griff zu kriegen. Auch Lothar Tenbensel spürte sehr wohl die Last, die schon lange vor dem Unfall auf ihm lag – wenngleich er sie nicht genau zu deuten vermochte. Irgendetwas in ihm fing an, dagegen anzukämpfen, suchte nach Auswegen. Dass es seine Arbeit war, die ihm nicht gut getan hat, war ihm lange nicht bewusst. Auch der Wunsch, nach Italien zu gehen, bestand schon früher, Lothar Tenbensel hat ihn jedoch beiseite geschoben. Auf seinen Körper, seine Bedürfnisse und Wünsche zu hören, sagt Ulrike Börner, ist enorm wichtig. Es ist nicht ungewöhnlich, dass die unterschiedlichen Warnzeichen einer sich anbahnenden Lebenskrise erst im Nachhinein erkannt werden. Erst wenn etwas sehr Einschneidendes passiert, wachen wir auf.

Bevor das geschieht, funktionieren wir nur noch. Anstehende Aufgaben werden irgendwie abgearbeitet, aber sie werden nicht mehr wirklich erlebt. Häufig fällt es auch schwer, nein zu sagen. Nein, das ist mir zu viel. Nein, das kann ich jetzt nicht. Weil die Aufgaben, die allmählich immer stärker als bedrückend und anstrengend wahrgenommen werden, gesellschaftlich als simpel und im Normalfall als unproblematisch eingeordnet werden, fällt es umso schwerer, diese als Belastung zuzugeben – vor sich selbst und vor anderen. Ein unehrliches „Ja" ist aber ein „Nein" zu sich selbst. Die Selbststeuerung läuft immer öfter aus dem Ruder. Je tiefer man in die Krise hineinrutscht, desto stärker beginnen sich die Gedanken um die immer gleiche Frage zu drehen: Was kann ich tun? Manche ziehen sich dann zurück, manche suchen Rat bei anderen. Irgendwann kommt der Punkt, an dem eine Entscheidung getroffen werden muss. So geht es nicht weiter, sagt der Kopf und vielleicht auch der Körper. Es muss sich etwas verändern, es muss besser werden. Bloß wie?

Meistens kommen wir nicht viel weiter, wenn wir auf eine Veränderung von außen warten und nur darauf hoffen, dass es von selbst besser wird. Wir müssen erkennen und darauf vertrauen, dass es uns besser gehen wird, wenn wir selbst aktiv werden. Das können wir auch, sagt Ulrike Börner. Jeder kann sein Leben sinnvoll und für sich stimmig in die Hand nehmen, wenn er dabei auf seine Möglichkeiten und Kräfte in sich selbst vertraut. Diese Erkenntnis ist sehr wichtig. Lothar Tenbensel hat das auch irgendwann bemerkt: Ich kann ja selbst etwas tun, das mir hilft! Er begann, einen Trainingsplan zu entwickeln.

Wichtig ist aber auch zu wissen, wohin die Reise des Lebens gehen soll. Was ist mir wirklich wichtig, was gehört und passt zu mir? Was kann ich gut und was fällt mir leicht? Darauf können die Ziele ausgerichtet werden. Je häufiger wir in uns hineinhorchen und uns fragen, was wir wirklich möchten und brauchen, desto sensibler werden wir für die Abzweigungen, die uns das Leben bietet, um unsere Ziele zu verwirklichen. Wer auf der Autobahn eine Pause einlegen will, sagt Ulrike Börner, beginnt, auf die Schilder zu achten, die eine Raststätte ankündigen. Wenn wir keine Pause brauchen, bemerken wir die

Schilder nicht. Wir übersehen sie und nehmen die Informationen, die sie enthalten, gar nicht wahr.

Manchmal sind nur kleine Veränderungen nötig, um einen hilfreichen Effekt zu bewirken, manchmal stehen große Veränderungen an, um auf den richtigen Kurs zurück zu finden. Wichtig ist dabei immer, dass wir selbst diejenigen sind, die die notwendigen Entscheidungen fällen können – nicht die anderen. So, wie Lothar Tenbensel aus eigenem Antrieb nach Italien aufbrach, um neu zu beginnen, so können auch wir eine für uns passende Veränderung auf den Weg bringen.

Das ist jedoch nicht ganz einfach. Darum kann eine solche Entscheidung selten von heute auf morgen getroffen werden – der Weg dahin ist für jeden ein anderer und erfordert oft viel Zeit und Geduld. Jede Reise beginnt mit dem ersten Schritt. Manche brauchen auf diesem Weg eine Auszeit aus dem Alltag, brauchen Zeit, um neue Kraft zu schöpfen und einen Rückzugsort, um die Gedanken zu sammeln. Raus aus den Strukturen, die eigentlich gar nicht das sind, was man im Innersten möchte. Wer das tut, gibt sich selbst die Erlaubnis, nein zu sagen, wenn es notwendig ist.

Manche wollen mit anderen sprechen und sich ihnen anvertrauen. Das kann auch ein Zeichen für Außenstehende sein, dass da jemand Hilfe braucht, beispielsweise dann, wenn jemand, der ansonsten eher still und vorsichtig ist, plötzlich sehr redselig wird und persönliche Dinge erzählt, weil er innerlich überläuft.

Ein Rückzugsort, das Aufbrechen oder Verlassen der falschen Strukturen und die Gespräche mit anderen sind hilfreich, um die Kraft, den Mut und die Erkenntnis für die Entscheidungen zu sammeln, die neue Wege ebnen. Lothar Tenbensel begann damit, sich ein Wasserbett zu kaufen, mehr Zeit mit seinem Bruder zu verbringen und Sport zu treiben. Und dann brach er nach Italien auf.

Er konnte diese Entscheidungen nicht sofort treffen, sondern brauchte die Zeit, um Schritt für Schritt die Führung über sein Leben zurückzuerlangen – stets begleitet von der wachsenden Erkenntnis, dass nicht andere, sondern er selbst über sein Leben zu bestimmen vermag.

Dies ist die wichtigste Botschaft, die seine Geschichte birgt. Wir können darauf vertrauen, sagt Ulrike Börner, dass es immer etwas geben wird, das uns trägt. Etwas, das uns den rechten Weg weist, wenn wir aufmerksam auf uns selbst hören. Der Schlüssel zum Ausweg aus der Krise liegt in uns selbst. Wir müssen daher den Zugang finden, in uns hineinhören und herausfinden, was es ist, das uns glücklich machen kann.

In schwierigen Krisen brauchen wir dafür manchmal auch einen neutralen professionellen Begleiter, wenn die eigenen Lösungsstrategien und die des privaten Umfeldes nicht mehr ausreichen. In psychologischen Gesprächen haben wir dann jemanden an unserer Seite, der unsere Belastungen mit uns aushält und uns beim Suchen, Finden und Umsetzen von neuen Lebenswegen unterstützt. Die Aufgabe eines Lebensberaters, Psychologen und Therapeuten ist vergleichbar mit der einer Hebamme: Beide helfen beim Gebären von neuem Leben.

Literaturvorschläge und Hinweise zu Lebenskrisen

Empfehlenswert ist das Buch Münchhausen, Marco: *Wo die Seele auftankt: Die besten Möglichkeiten, Ihre Ressourcen zu aktivieren*; Goldmann. 2006. Der Autor stellt Rastplätze der Seele vor, die dazu dienen sollen, unser Selbst zu erkunden und innere Kraft zu schöpfen.

Ebenfalls empfehlenswert ist das Buch Kinslow, Frank: *Suche nichts – finde alles! Wie Ihre tiefste Sehnsucht sich erfüllt*; VAK. 2011. Es handelt vom Inneren Frieden, der Seelenruhe und wie wir sie erreichen können. Das Buch richtet sich nicht nur an Personen, die in einer Lebenskrise stecken, sondern an alle, die nach einem Leben mit mehr innerer Gelassenheit streben und ihre eigene Mitte finden möchten.

In eine ähnliche Richtung geht das Buch Pollak, Kay: *Für die Freude entschieden: Gebrauchsanweisung für ein glücklicheres Leben*; Südwest-Verlag. 2008. Sehr praxisnah gibt dieses Buch Tipps und Anregungen für die innere Balance und Selbstsicherheit. Wie der Klappentext treffend beschreibt, „bietet [das Buch eine] prägnante Lebenshilfe".

Interessierte können sich zudem an die zahlreichen regionalen Beratungsstellen der Kirchen und sozialen Einrichtungen wenden. Ehe-, Familien- und Lebensberater helfen nicht nur Erwachsenen, sondern auch Kindern während einer persönlichen Krise weiter. Daneben gibt es selbstständige psychologische Berater für Selbstzahler und Psychotherapeuten, die – meist nach längerer Wartezeit – einen Therapieplatz zur Verfügung stellen, dessen Kosten die Krankenkassen übernehmen.

Peter Ruppert: Suizid auf Raten

Ausweg nach langer Sucht und die heutige Arbeit als Suchtberater

Peter Ruppert kam als jüngstes von drei Kindern zur Welt. Zu dieser Zeit war sein Erzeuger schwer alkoholabhängig und schlug Frau und Kinder. Das Wort „Vater" will Peter Ruppert nicht in den Mund nehmen, das schafft seelischen Abstand. Seine Kindheit wurde zur Tortur. Von seiner Schwester erfuhr er irgendwann, dass er nie gewollt war. Peter Ruppert war lediglich das Ergebnis einer nach außen hin aufrechterhaltenen, letztlich aber gescheiterten Ehe.

„Die Gewalt, die in meinem Elternhaus herrschte, war absolut pervers. Die ganzen Schläge und Schmerzen, denen ich damals ausgesetzt war. Ich wurde stundenlang im Keller eingesperrt und eine kurze Lederpeitsche wurde mir quer über den Körper gezogen. Ich musste ein bis zwei Stunden lang auf einem Holzscheit aus dem Kachelofen knien. Irgendwann musste ich raus." Mit 15 Jahren meldete sich Peter Ruppert selbst beim Jugendamt und wurde in einem Jugendheim untergebracht. Lange blieb er dort nicht. Er flüchtete in eine etwa 150 Kilometer entfernte Großstadt – per Anhalter und zu Fuß.

Seine Kindheit hinterließ tiefe Furchen, die nie ganz heilten. Es blieben Narben zurück. Peter Ruppert war bereit, nach jedem Strohhalm zu greifen, der Linderung für seine Seele versprach. In den nächsten Jahren lebte er auf der Straße. „Durch Gelegenheitsjobs habe ich mich über Wasser gehalten und bin gelegentlich bei Freunden untergekommen", erzählt er. In dieser Zeit begann er Alkohol und Drogen zu konsumieren. Sie sollten sein Wegbegleiter für die kommenden dreißig Jahre werden.

Einige Jahre später schloss er die Schule ab, landete in Frankfurt und schließlich bei der Bundeswehr. „Das tägliche Trinken war dort ganz normal. Nach dieser Zeit hat man damit einfach so weiter gemacht. Der Alkohol hat zum Alltag dazugehört."

Peter Ruppert versuchte, das Chaos in seiner Seele durch den Rausch zu bekämpfen und probierte in der folgenden Zeit alle möglichen Drogen durch. Er wurde mehrfachabhängig. „Wenn ich gerade keinen Alkohol da hatte, wich ich eben auf Koks aus. War das nicht vorhanden, nahm ich etwas anderes."

1992 verliebte er sich in eine Frau. Aus der Beziehung ging ein gemeinsames Kind hervor. „Als das Kind dann da war, wurde ich vor die Tür gesetzt. Meine damalige Freundin sagte mir, ein Kind, das sei alles, was sie je von mir gewollt habe. Ich sollte gehen." Übrig blieb eine weitere Furche. Peter Ruppert sackte noch tiefer in den Strudel des ständigen Rauschs. „Ich war damals zu feige, um von einer Klippe zu springen. Rückblickend kann ich sagen, das war ein Suizid auf Raten."

Im Sommer 1998 machte sich Peter Ruppert selbstständig. Aufgrund des Verlusts seiner neuen Familie zog er von einem Ort zu nächsten; nirgends wollte er lange bleiben. Das verdiente Geld investierte Peter Ruppert in Drogen. Er unternahm neue Anläufe, eine Familie zu gründen. Sie scheiterten. „Wie konnte ich eine Familie gründen, wenn ich nie so etwas kennen gelernt habe, dachte ich. Bringt eh alles nichts. Es blieben die Selbstzweifel."

Anfangs funktionierte er nach außen hin und kümmerte sich stets um ein gepflegtes Äußeres. Wenn ihn jemand auf den Geruch nach Ouzo ansprach, zog er eine Packung Lakritzstangen aus der Tasche. „Ich war selbst überrascht, wie einfach es war, meinen Konsum zu verstecken. Ich trank zwei Flaschen täglich."

Sein Konsum nahm stetig zu. Peter Ruppert funktionierte, aber er lebte nicht. 2004 brauchte er dauerhaft einen bestimmten Pegel, um das Zittern zu verhindern. Inzwischen hatte er eine neue Freundin gefunden, längere Besuche bei ihren Eltern waren kaum möglich. „Als ich am Wochenende zu Bekannten gefahren bin und meinen Alkoholkonsum nicht ausleben konnte, kam das Zittern zurück. Manchmal kamen auch Ohnmachtsanfälle dazu. Ich hatte Angst, nicht mehr daraus aufzuwachen."

Neben dem Alkohol konsumierte Peter Ruppert weitere Drogen. Sein Tagesablauf wurde von den Rauschmitteln bestimmt: Alkohol und ein Joint am Morgen, eine Nase Koks in der Mittagspause und Crack am Abend.

„Es war nie schwierig, an die Drogen zu kommen. Man wusste immer, wo man sich etwas besorgen konnte. Später habe ich mich in der IT-Branche selbstständig gemacht. Dadurch konnte ich meinen Konsum bezahlen." Nur wenn er über die Stränge schlug und das Geld knapp wurde, fing er an, Dinge zu verkaufen und halbseidene Deals auszuhandeln.

Nicht nur er, auch seine Freundin litt unter seinem Alkoholkonsum. Um die Sucht ihres Freundes zu decken, erzählte sie ihrem Umfeld Lügen. Peter Ruppert trat weniger gepflegt auf, die Auswirkungen des Drogenkonsums zeigten sich in starkem Gewichtsverlust. Er war ein körperliches Wrack, gesteht er ein. Irgendwann konnte Peter Rupperts Freundin nicht mehr und brach zusammen. Es war der Moment, der alles ändern sollte.

Peter Ruppert fasste einen Entschluss. Im Internet fand er die Adresse einer Entgiftungsklinik. Trinken Sie weiter und kommen Sie baldmöglichst zu uns, schrieben sie auf ihrer Webseite. „Meine Freundin konnte nicht verstehen, dass ich weitertrinken sollte. Ich aber sagte ihr: Wenn ich jetzt aufhöre, komme ich da morgen nicht an. Ich würde nicht mal den Weg dahin alleine schaffen."

Am darauffolgenden Tag suchte Peter Ruppert die Entgiftungsklinik auf. Hier setzen seine Erinnerungen aus. Erst im Nachhinein hat er erfahren, dass man ihn in ein Krankenhaus brachte, wo er eine Woche lang auf der Intensivstation im Koma lag. „Die Ärzte sagten mir im Hinblick auf meine Leberwerte: Noch ein Glas mehr und das wäre es für mich gewesen."

Im Krankenhaus wurde Peter Ruppert drei Mal wiederbelebt. Die Nahtoderfahrungen erinnert er gut. „Ich sah Straßen, die aus einem Regenbogen gemacht waren und sich immer wieder kreuzten. An dessen Rand standen Menschen, die zu mir sprachen. Noch heute kann ich mich an jedes einzelne ihrer Worte erinnern." Eine Woche später wurde er auf eine andere Station verlegt und weitere vier Wochen später auf eigene Verantwortung aus dem Krankenhaus entlassen.

Im Anschluss wurde er monatelang von einem Hausarzt betreut und ging schließlich für zwölf Wochen in eine Langzeittherapie. „So exzessiv ich gelebt und konsumiert habe, so stark war mein Beschluss, Hilfe in Anspruch zu nehmen und nicht mehr alles mit mir selbst auszufechten." In der Suchtberatung bekam er weitere Hilfe. „Es ist wichtig, dass man in der Zeit vor und nach der Klinik aufgefangen wird. Wenn ich nahezu täglich einkaufen ging, musste ich ja auch immer am Getränkeregal vorbei. Da darf man nicht schwach werden."

Er wurde nicht schwach. Die Anstrengungen lohnten sich. Dreißig Jahre lang war Peter Ruppert drogenabhängig, dreißig Jahre lang lebte er im Rausch. Heute ist der clean und trocken. „Alkohol habe ich das letzte Mal am 06.08.2006 getrunken. Das war der Tag, an dem ich in die Klinik gegangen bin." Einfach war die Zeit danach trotzdem nicht. „Man wird immer süchtig bleiben. Wer einmal einer Sucht erlegen ist, wird sich nie ganz davon lösen können. Das Verlangen, das bleibt ein Leben lang", erzählt Peter Ruppert. Eine besondere Herausforderung musste er 2012 meistern. „Ich wusste schon im Vorfeld: Wenn meiner Mutter oder meiner Tochter irgendetwas passierte, dann würde ich in ein Loch fallen. Es ist dieses Familienthema, das mir immer wieder den Boden unter den Füßen weggezogen hat. Und dann ist der Griff zur Flasche nicht weit." Von seiner damaligen Frau, die mit ihm durch dick und dünn gegangen war, trennte er sich nach zwölf Jahren. Er weiß, dass er ihr sein Leben verdankt. Ohne ihre Unterstützung hätte er nicht durchhalten können. Die Beziehung funktionierte trotzdem nicht mehr. Seine Mutter lag zu diesem Zeitpunkt im Sterben, ein Umzug stand an und viele Behördengänge waren notwendig geworden. „All dieser Stress, all die seelische Belastung durch das Auseinanderbrechen der Familie, das war schon so eine Art Bewährungsprobe für mich." Peter Ruppert war vorbelastet.

Er hat es trotzdem geschafft und die Rauschmittel hinter sich gelassen. Stattdessen hilft er nun anderen Menschen, davon loszukommen. Peter Ruppert gründete die Junge Sucht Hilfe, eine Organisation, die süchtigen Menschen hilft und beisteht. Dabei fokussiert er sich nicht auf das Rauschmittel, sondern auf den Menschen dahinter. „Die Leute fühlen sich sehr gut aufgehoben bei uns. Durch die Seminare und Gespräche, die ich führe, reguliere ich mich ein Stück weit selbst. Ich führe mir immer wieder vor Augen, welche Auswirkungen eine Sucht haben kann."

Der erste Schritt, sagt Peter Ruppert, ist die Selbsterkenntnis. „Die Menschen müssen sich helfen lassen wollen. Sonst redet man gegen eine Wand: Hallo Wand, hier ist der Peter. Man muss das mit seinem Kopf ausmachen, das Ganze auch auszusprechen ist dann erst der zweite Schritt."

Das Problem der Sucht wird Peter Ruppert ein ganzes Leben lang begleiten, aber es hat seine Richtung verändert. Es kontrolliert seinen Alltag nicht mehr, stattdessen besucht und gibt Peter Ruppert Fort- und Weiterbildungen, ist Ansprechpartner für Menschen in Not und widmet sein Leben dieser Aufgabe. Die Anerkennung und Hilfe, die er zu leisten vermag, sagt er, motiviert ihn. Und es hilft, nicht wieder rückfällig zu werden.

Hintergründe der Sucht und Auswege

Fachinterview mit Heidrun Bade, Dipl.-Chemikerin und Ärztin

Peter Ruppert schaffte es nach jahrelanger schwerster Mehrfachabhängigkeit, gesund zu werden. Warum ist aber genau das so schwierig? Wir sprechen mit der Ärztin und Dipl.-Chemikerin Heidrun Bade.

Dass Peter Ruppert es geschafft hat, seine Abhängigkeit hinter sich zu lassen, ist eine große Leistung. Nach so vielen Jahren der Mehrfachabhängigkeit ist nur bei wenigen Patienten eine Entwicklung wie bei Peter Ruppert zu beobachten, der es sogar schaffte, sich sozial zu reintegrieren. Er konsumierte früher jahrelang nicht nur Alkohol, sondern auch diverse illegale Drogen. Gerade die Alkoholabhängigkeit ist eine ernst zu nehmende Erkrankung. Die körperlichen und psychischen Folgeerkrankungen, die sie verursacht, können lebensbedrohlich sein.

Mehr als die Hälfte aller drogenabhängigen Patienten, die einen stationären, qualifizierten Entzug machen, sind mehrfachabhängig. Etwa 20 Prozent der opiatabhängigen Patienten schaffen den Weg in die Abstinenz. Ziel der Behandlung opiatabhängiger Patienten ist heute nicht mehr ausschließlich die Abstinenz, sondern auch die „kontrollierte Abhängigkeit": Die Patienten werden täglich mit einem Ersatzstoff im Rahmen eines Substitutionsprogrammes behandelt. Die Risiken, die mit dem Heroinspritzen und dem Konsum von Drogen einhergehen – Infektionen, Spritzenabszesse, körperliche Erkrankungen –, werden dadurch reduziert. Auch die Beschaffungskriminalität nimmt ab.

Bei Missbrauch von Partydrogen wird medizinische und soziale Unterstützung mit dem Ziel der Abstinenz angeboten. Begleitende Psychotherapie hat immer einen großen Stellenwert.

Substanzabhängige verspüren einen Zwang oder starken Wunsch zu konsumieren – sie können nicht abstinent leben. Sie können ihren Konsum bezüglich Menge, Beginn und Ende nicht kontrollieren. Sie konsumieren, um die Entzugssymptome zu mildern.

Unterschieden werden können psychische und die physische (körperliche) Abhängigkeit. Unter der psychischen Abhängigkeit versteht man das andauernde, zwanghafte Verlangen nach der Substanz. Fehlt die Substanz, treten Unruhe, Angst, auch depressive Symptomatik auf. Bei der körperlichen Abhängigkeit kommen körperliche Schmerzen, Herzrasen, Blutdruckkrisen, Kreislaufversagen, Durchfall und Erbrechen hinzu. Um diese Symptome, auch Entzug genannt, nicht ertragen zu müssen, wird weiter konsumiert.

Wenn lange genug konsumiert wird, kann eine Toleranz entstehen. Um die gleiche Wirkung zu erzielen, die anfangs noch durch vergleichsweise kleine Dosen erreicht werden konnte, müssen immer höhere Dosen konsumiert werden. Der Grund liegt entweder in einem immer schnelleren Abbau der Droge oder an der Gewöhnung des Körpers an eine gewisse Konzentration. Die Folge ist eine Steigerung der Dosis.

Ob eine Substanz zur Abhängigkeit führt, hängt von mehreren Faktoren ab: von der Persönlichkeit des Konsumenten, der Veranlagung, dem psychosozialen Hintergrund, der Peergroup, der Verfügbarkeit und natürlich der Potenz der Substanz.

Gerade langjährige Abhängigkeit kann zu Persönlichkeitsveränderungen führen. Diese Patienten verlieren ihre körperliche und geistige Leistungsbereitschaft, sie sind nicht mehr in der Lage, die Verantwortung für sich selbst zu übernehmen, werden unzuverlässig, ziehen sich sozial zurück und nehmen selbst defizitäre Körperpflege nicht mehr wahr. Meist werden andere Interessen zugunsten der Droge vernachlässigt. Um sich von den Folgen den Konsums zu erholen, wird zunehmend mehr Zeit benötigt. Dennoch werden die Drogen weiter konsumiert – trotz eines Nachweises eindeutig schädlicher Folgen. Auf Peter Ruppert traf dieses typische Muster zu.

Das gesamte Leben dreht sich irgendwann nur noch um die Beschaffung. Wird die Einnahme unterbrochen, sind schwere Entzugserscheinungen die Folge.

Bei allen Abhängigkeitserkrankungen wird davon ausgegangen, dass die Drogen auf das Kerngebiet des Zwischenhirns einwirken, auf das Dopaminsystem im Nucleus accumbens, das auch als Belohnungszentrum bezeichnet wird. Bei manchen Menschen sind die Nervenzellen dieses Zentrums schlechter ansprechbar und bezüglich einer Suchtentwicklung viel gefährdeter. Abhängigkeitserkrankungen entstehen dann besonders schnell, wenn Menschen erfahren, dass eine besondere Substanz eine erhöhte Aktivierung ihres eigentlich defizitären Systems bewirkt.

Aufgrund der widerholten Stimulation durch Drogen verändern sich die Nervenzellen. Durch die Drogen wird unser Belohnungszentrum mit Dopamin geradezu überflutet. Die Nervenzellen können auf normale Reize kaum noch reagieren und verlangen nach einem erneuten Drogenkonsum. Die neuronalen Transportbahnen, die mit dem Drogenreiz zusammenhängen, werden bei erneutem Konsum zunehmend stärker ausgebildet, unser Gehirn wird empfindlich für die Substanz. Diese Veränderungen bleiben als Suchtgedächtnis lebenslang bestehen. Der Neurotransmitter Dopamin findet in dem geschädigten Belohnungssystem keine Rezeptoren mehr, an die er andocken kann. Nur noch die Droge kann Glücksgefühle auslösen.

Dieser Prozess ist größtenteils irreversibel. Wenn das Gehirn einmal gelernt hat, auf Drogen zu reagieren und eine Abhängigkeit entstanden ist, wenn das Belohnungssystem durch die Droge verändert wurde, können diese Veränderungen nicht gänzlich rückgängig gemacht werden.

Was nehmen wir aus Peter Rupperts Lebensgeschichte mit? Er bagatellisierte seine Erkrankung und ihre lebensgefährlichen Folgen, war also jahrelang krankheitsuneinsichtig. Damit verhinderte er mögliche Hilfestellungen aus dem näheren Freundes- und Verwandtenkreis. Wenn Angehörige und Arbeitskollegen den Betroffenen unterstützen und keine Co-Abhängigkeit vorliegt, ist es wesentlich leichter, den Teufelskreis zu durchbrechen. Eine bewusste Entscheidung für ein Leben ohne Abhängigkeiten ist ein sehr schwerer Weg. Mit professioneller Hilfe ist es dennoch zu schaffen, wie Peter Ruppert zeigt. Im besten Fall nicht in Eigenregie, sondern mithilfe einer qualifizierten stationären Entgiftung. Rückfälle gehören dazu – sie sind unvermeidliche Fallen auf dem Weg zur Abstinenz. Je schwerer die Abhängigkeitserkrankung, umso schwerer ist auch der Weg zurück.

Abhängige Freunde sollten gemieden werden; auch Orte, wo konsumiert wird. Richtige Freunde hingegen können helfen, indem sie den Abhängigen empathisch bestärken, durchzuhalten. Vor allem aber können sie Verständnis zeigen – ohne die Sucht zu verharmlosen. Das funktioniert aber nur dann, wenn der Abhängige seine Erkrankung akzeptiert und offen anspricht. Solange dies nicht geschieht, ist Hilfestellung schwierig. Eine Suchtberatung kann dann professionelle Hilfe anbieten, die Motivation stärken und den Freundeskreis ins Boot holen.

Schwierig wird der Ausstieg für Peter Ruppert und alle ehemaligen Abhängigen immer bleiben, da das Suchtgedächtnis lebenslang bestehen bleibt. Die Reize, die mit dem früheren Konsum verbunden sind, können das Verlangen nach Drogen erneut auslösen: der Anblick der früheren Stammkneipe oder Freunde aus dem Milieu. Trotz aller Hindernisse: Peter Ruppert hat den Ausstieg geschafft.

Die im Artikel genannten Informationen basieren u.A. auf der folgenden Literatur: Norbert Nedopil, Jürgen Leo Müller: Forensische Psychiatrie; Thieme Verlag. 2012; Kapitel 12.2 / Frank Schneider: Facharztwissen Psychiatrie und Psychotherapie; Springer. 2012; Kapitel 19 / Anil Batra: Praxisbuch Sucht; Thieme Verlag. 2012; Biologische Grundlagen der Suchtentwicklung, Kap. 1.3 und 3.4 / H Dilling, H.J.Freyberger: Taschenführer zur ICD-10-Klassifikation psychischer Störungen; 7.Auflage. Hans Huber Verlag. 2014 / M. Bastigkeit: Rauschdrogen Drogenrausch; Verlagsgesellschaft Stumpf und Kossendey Edewecht. 2003; Faktoren der Sucht; Hirnphys. Grundlagen der Suchtentwicklung (Kap. 1 und 2).

Literaturvorschläge und Hinweise zu Sucht & Beratung

Interessierten und solchen, die sich gelegentliche Gedanken über ihren Alkoholkonsum machen, sei folgendes Buch empfohlen: Borowiak, Simon: *Alk: Fast ein medizinisches Sachbuch*; Heyne. 2007. Sachlich, aber nicht langweilig und häufig mit Witz erläutert das Buch den Alkoholismus, seine medizinische Seite, Trinkmotive und Behandlungsformen.

Empfehlenswert, insbesondere für Betroffene und Angehörige, ist das Buch Kuntz, Helmut: *Drogen & Sucht: Ein Handbuch über alles, was Sie wissen müssen*; Beltz. 2014. Thematisiert wird nicht nur Alkohol, sondern eine Vielzahl an Drogen und Süchten. Das Buch enthält zahlreiche Praxistipps für Angehörige sowie mögliche Auswege und Hilfestellung für Betroffene.

Die Caritas bietet eine Suchtberatung im Internet an, beispielsweise per E-Mail. Außerdem findet sich auf der Webseite www.caritas.de unter dem Stichwort *Hilfe und Beratung – Online-Beratung – Sucht* eine Datenbank mit Adressen von Suchtberatungen vor Ort.

Eine kompetente Anlaufstelle ist auch der Selbsthilfe- und Helferverband für Suchtkranke und Angehörige „Kreuzbund e.V." www.kreuzbund.de.

Weitere Anlaufstellen bietet die Diakonie Deutschland unter dem Stichwort *Ich suche Hilfe – Suchtberatung* unter der Adresse www.diakonie.de

Zusätzlich gibt es in den meisten Städten staatliche Einrichtungen zur Suchtberatung. Die Adressen finden Sie entweder im Internet oder etwa in den Gelben Seiten.

Birgit Kober: Mehr wert als Gold

Der erstaunliche Weg vom Behandlungsfehler zum Olympiasieg

„'The gold medallist and paralympic champion 2012: Birgit Kober from Germany'", höre ich aus der Ansage im Stadion und rolle ganz oben aufs Treppchen, zu meiner zweiten Siegerehrung, diesmal im Kugelstoßen.

80.000 Menschen im vollbesetzten Stadion jubeln mir zu – ich erlebe alles ein bisschen wie in Trance, grandios aber unwirklich. Dieser fantastische Moment und ich denke permanent nur: Nicht heulen, nicht heulen, nicht heulen! Und was mach ich dann? Die Tränen kommen, sind schwer zu unterdrücken, aber ist doch egal. Das ist mein Moment, meine Siegerehrung, meine Hymne. Ich schaue ins Rund des Stadions, ein warmes Gefühl überkommt mich, eine Mischung aus unendlichem Glück, Stolz, Frieden und der Gewissheit, etwas mitzunehmen, das mir niemand mehr nehmen kann."

Birgit Kober stand kurz vor dem Abschluss ihres Studiums. Sie saß in ihrer Wohnung in Essen an ihrer Diplomarbeit im Fach der Pädagogik, als der Anruf kam. Es war Herbst 2006 und ihre Mutter schwer erkrankt. Sie ließ alles stehen und liegen, fuhr am nächsten Tag nach München und stand ihrer Mutter bei, begleitete sie ins Krankenhaus und kümmerte sich um sie. Im April 2007 starb ihre Mutter an Krebs.

Birgit Kober räumte die Wohnung auf, erledigte die anfallenden Formalitäten und organisierte die Beerdigung. Hilfe bekam sie nicht. Sie war zu diesem Zeitpunkt 35 Jahre alt.

Die vergangenen Monate hatten Spuren hinterlassen. Sie brauchte etwas Zeit für sich und plante eine Urlaubsreise nach Rom mit ihrer besten Freundin. Beim Baden im Meer schürften sich die beiden Frauen an Felsen die Beine auf. „War erst gar nicht so schlimm. Hat sich dann aber entzündet und musste in Deutschland behandelt werden." Im Krankenhaus brach Birgit Kober zusammen – hier setzt ihre Erinnerung aus.

Als sie wieder aufwachte, befand sie sich auf der Intensivstation des Klinikums München. „Ich hab furchtbar gefroren und hatte schreckliche Schmerzen, neben mir lief mein Blut durch ein Dialysegerät. Als ich sprechen wollte, hat mich niemand verstanden." Birgit Kober konnte auch ihre Arme und Beine nicht mehr kontrolliert bewegen. „Es ist ein bisschen so, als schneide man einer Marionette die Fäden ab", sagt sie dazu. Ihr wurde erklärt, dass dieses Problem als Ataxie bezeichnet werde – und dass es dagegen kein Medikament gäbe.

Erst im Laufe der nächsten Tage, Wochen und Monate erfuhr sie die genauen Zusammenhänge, und wie es zu diesem Zustand hatte kommen können. Nachdem Birgit Kober im Krankenhaus unter epileptischen Anfällen zusammengebrochen war, hatte man sie zur besseren Versorgung auf eine neurologische Intensivstation verlegt. Bei einer weiteren Verlegung auf eine andere Intensivstufe, die sogenannte Stroke Unit, wurden die Daten der Patientenkurve in eine neue Kurve übertragen und ein fataler Fehler gemacht. „Die Krankenschwester vertauschte ‚mg' mit ‚ml' – im Auflösungsverhältnis eines Medikaments macht das einen großen Unterschied. Und so floss über die Dauer von 10 Stunden eine hoch toxische Dosis in meinen Körper." Erst als ein Pfleger den Fehler bemerkte, wurde die Medikation eingestellt. „Leider handelte man nicht sofort, man wartete und zögerte somit die wichtige Dialyse um viele Stunden hinaus."

Der Aufenthalt im Krankenhaus wurde zu einer Tortur. Die Ärzte versicherten ihr, dass die Beeinträchtigungen schnell zurückgehen würden, was jedoch nicht passierte. „Meine Freundin hat mir in dieser Zeit sehr geholfen. Zwar kam mich mein Vater auch besuchen – dem ist das aber so zu Herzen gegangen, dass ich schließlich ihn trösten musste. Er war ganz einfach überfordert."

An den Krankenhausaufenthalt schloss sich der Aufenthalt in einer Reha-Klinik an, wo sich Birgit Kober zusätzlich eine Infektion mit MRSA-Keimen zuzog. Sie wurde in ein Isolierzimmer verlegt und jeder, der ihr Zimmer betrat, musste zuvor spezielle Schutzkleidung anlegen, was Besuche so knapp wie möglich hielt.

Die Krankengymnastik in der Reha war wenig zielführend. Als Birgit Kober merkte, dass nach mehrwöchiger Behandlung kaum eine Besserung der Ataxie eintrat, begann sie, sich mit dem Gedanken an eine lebenslange Behinderung auseinanderzusetzen. Was hatte sie auch für eine Wahl? Schnell gab sie die Behandlung wieder auf. Sie besserte ihre Krankheit nicht.

Doch Birgit Kober ist nicht wütend, nicht auf den Behandlungsfehler, die falsche Behandlung kann sie verzeihen. Die darauf folgende Kommunikation, die fehlende Wertschätzung und das Sich-selbst-Überlassen hingegen ärgern sie. „Das, was im Krankenhaus passiert ist, war ein riesengroßer Fehler. Fehler können passieren. Fehler sind menschlich. Aber ich verurteile die Vorgehensweise danach. Das Krankenhaus besaß nicht das Rückgrat, für diesen Fehler grade zu stehen, stattdessen setzen sie mir noch mehr zu. Auf eine Entschuldigung habe ich fünf

Jahre lang warten müssen", sagt Birgit Kober. Sie wollte als Mensch wahrgenommen werden und nicht nur als medizinisches Problem.

Die Beeinträchtigungen durch die Ataxie veränderten Birgit Kobers Alltag. „Ich griff einen Becher und wollte daraus trinken – stattdessen habe ich mir den ganzen Inhalt ins Gesicht geschüttet. Die ersten Essversuche gingen überall hin – nur nicht in meinen Mund. Heute habe ich Techniken entwickelt, damit umzugehen. Heute ist vieles anders. Die Vergangenheit hat gezeigt, dass man die Dinge zum Guten wenden kann."

Die alte Wohnung in Essen, die im dritten Stock lag, musste aufgelöst werden. Für Birgit Kober, die durch die Ataxie bedingt nun auf den Rollstuhl angewiesen war, musste eine andere Lösung gefunden werden. Die Wohnung in München war besser geeignet, doch erinnerte darin alles an ihre verstorbene Mutter. „Ich musste da raus – das war nicht gut auf Dauer. Das Problem war, dass man so schnell auch keinen Pflegedienst organisieren konnte. Wie es mit mir weiterging war dem Krankenhaus völlig egal. Schließlich habe ich mir Knieschützer besorgt, damit das ständige Hinfallen und Rumrobben auf dem Boden erträglicher wurde. Aber ich biss mich durch."

Birgit Kober suchte nach einer anderen Wohnung. Da sie kein geregeltes Einkommen nachweisen konnte, gestaltete sich diese Suche schwierig. Schließlich gelangte sie an einen Hausbesitzer, der ihre Not erkannte. Sie brauchte die Wohnung von allen Bewerbern am dringendsten. „Natürlich wollten die auch einen Nachweis vom Arbeitsamt, dass die Miete kommt – ohne den ging das nicht! Man fällt plötzlich durch alle sozialen Raster. Mein Erspartes ging dafür drauf, da ich ja noch die Wohnung in Essen bezahlen musste. Es dauerte, bis die geräumt und gekündigt werden konnte."

2008 zog Birgit Kober schließlich in die neue Wohnung. Sie sang in einem Chor – und fand dort erste Hilfe, denn die Menschen gliederten sie ein und halfen ihr sogar beim Einkaufen. Sie versuchte, die Diplomarbeit zu beenden, doch das Geld reichte nicht und die Zeit wurde knapp. Schließlich wurde es zu einem unmöglichen Unterfangen, denn die Krankheit und der Ausfall hatten dazu geführt, dass Birgit Kober die maximale Studienzeit überschritt.

Im April 2008 hörte sie einen Bericht über die Vorbereitungen der Paralympics in Peking. „Da gab es Rollifahrer, die im Sitzen werfen, und das hat mich sehr ermutigt, denn gut geworfen hab ich schon, seit ich 11 Jahre alt bin. Der Speer und ich, das war Liebe auf den ersten Griff. Ich war so ermutigt, dass ich mir zwei Hallenkugeln besorgt habe, in den Gang zwischen Tiefgarage und Keller gegangen bin und sofort ausprobierte, ob ich das auch schaffen kann." Sie nahm Kontakt zu einer Trainerin auf, der allerdings zunächst scheiterte. „Nicht aufgeben, Birgit, habe ich zu mir gesagt. Das ist der Moment, der Scheidepunkt. Hier musst du ansetzen, hier musst du kämpfen. Ich schrieb alle Sportvereine in der Umgebung an."

Der letzte, der sich meldete, war der damalige Präsident des bayerischen Leichtathletikverbands. Er vermittelte den Kontakt zu einem Trainer, der Birgit aufnahm und fortan zweimal wöchentlich trainierte. Heute sagt sie: „Dieser Trainer war das Beste, was mir je passieren konnte – sowohl in fachlicher als auch in menschlicher Hinsicht."

Ihr Trainer hatte keine Erfahrungen im Behindertensport, aber er ließ sich auf das Experiment ein. Birgit Kober wurde in eine Trainingsgruppe integriert. „Ich glaube, das war eine große Hilfe. Die Menschen mochten mich. Ich hatte das erste Mal seit der Vergiftung wieder das Gefühl, als Mensch wahrgenommen zu werden. Wir fuhren zusammen in Trainingslager, wir unterstützten uns gegenseitig. Das hat irrsinnig Spaß gemacht."

Trotzdem war das Training hart. Im Nachhinein allerdings schwingt ein Lachen in Birgits Stimme mit, als sie erzählt: „Wir mussten mich am Rollstuhl festschnallen, danach legten wir Matten aus, so heftig hat's mich manchmal beim Werfen rausgepfeffert. Doch mit den Monaten und Jahren hat das Training viel bewirkt, viel verändert. Es war besser und wirksamer als jede Krankengymnastik."

Der Weg zum Training war lang, im Winter blieb Birgit Kober nicht selten mit ihrem Rollstuhl im Schnee stecken. Manchmal wich sie für das Training auf Wiesen aus, manchmal wurde sie von dort verjagt, weil der Rollstuhl den Rasen beschädigen würde. Heute ist das alles anders. Heute wird sie eingeladen, hier und dort zu trainieren. „Das Training hat mir auch wieder einen Alltag zurückgegeben, Freunde, mit denen ich trainiere. Ich werde dort anerkannt und nicht bemitleidet, das bedeutet mir viel."

Nach und nach stellten sich erste Erfolge ein. Nicht nur verbesserte Birgit Kober durch das Training ihre Wurftechnik, auch kann sie heute mehrere Schritte alleine gehen. Ohne den Rollstuhl. Das hätte sie niemals zu träumen gewagt. „Die Erfolge im Training und die Menschen um mich herum machten mir Mut. Nach dem Training hatte ich das nächste im Kopf. Es ging mir darum, die Zukunft zu verändern. Meine Zukunft. Ich bemerkte, dass ich die Behinderung entweder so hinnehmen und daran zerbrechen oder an ihren Beeinträchtigungen wachsen konnte. Ich entschied mich für Letzteres."

2012 schließlich nahm sie an den Paralympics in London teil. „Die vergangenen vier Jahre, der Sport, das war der Motor, der mich angetrieben hat", erzählt sie. Birgit Kober gewinnt doppeltes Gold – im Speerwurf und im Kugelstoßen. Im Speerwurf hatte sie plötzlich eine Sonderrolle im Stadion, denn alle anderen Disziplinen waren bereits beendet. 80.000 Menschen klatschten sie ein, 80.000 Menschen beobachteten ihren letzten Speerwurf. Und 80.000 Menschen jubelten, als sie 27,03 Meter warf. Weltrekord.

„So viele Menschen, und sie haben mir zugejubelt. Das war wundervoll. Das kann mir jetzt niemand mehr nehmen. Ich wollte eine Goldmedaille für meine Mutter gewinnen. Und das habe ich geschafft. Es war einer der erhebendsten Momente, die ich jemals erleben durfte."

Auf ihrem goldenen Trainingsspeer steht in schwarzen Lettern „in memoriam Mama und Mikosch". „Als Gedenken an meine Mama – und weil in diesem Jahr mein Kater Mikosch gestorben ist."

Für Birgit Kober hat sich der Kreis geschlossen, die Paralympics haben die Leere gefüllt. Sie hat etwas gefunden, das sie antreibt, sie weitermachen lässt. Es war ein langer Weg zum Gold. Doch er hat sich gelohnt. „Als ich von den Paralympics im Fernsehen gehört habe, da war mein Leben nach dem Behandlungsfehler verbrannte Erde. Da musste erst neu gesät werden – und das habe ich in den darauf folgenden vier Jahren getan."

Birgit Kober hat nach vorne geblickt und nicht in der Vergangenheit gelebt. Die Frage, ob sie böse sei auf den Menschen, dem der Fehler unterlaufen ist, verneint sie energisch. „Fehler sind menschlich, sie passieren einfach. Das hat niemand gewollt. Ich hätte mein Leben lang in Trauer versinken können, doch das hätte niemandem geholfen. Ich habe auch auf eine

Strafanzeige verzichtet. Warum hätte ich das Leben der Person, der der Behandlungsfehler unterlaufen ist, ruinieren sollen? Niemand kann dabei gewinnen. Trauer oder Rache sind nur ein Irrweg, ich hab in die Zukunft geblickt und durfte nicht mit dem Schicksal hadern. Aber es ist ärgerlich, wie damit umgegangen wurde. Das Krankenhaus hat weder das Rückgrat besessen, sich für den Fehler zu entschuldigen, noch, ihn wieder gutmachen zu wollen. Stattdessen wurde draufgeschlagen. Das tut mir weh."

Erst kürzlich, fünf Jahre später, im Rahmen der Mediationsverhandlungen, entschuldigte sich der Chefarzt des Klinikums. „Ich fand, das war schon ehrlich. Ich hab die Entschuldigung auch angenommen, die mir viel bedeutet, sehr viel sogar." Diese Mediationsverhandlungen sind Teil eines Rechtsstreits um eine Schadensersatzklage aufgrund ihrer Ataxie, der zum Zeitpunkt des Entstehens dieses Buchs noch andauert, weshalb Birgit Kober sich nicht detaillierter dazu äußern darf.

Sie hat gelernt, nicht mit dem Schicksal zu hadern, nicht in der Vergangenheit zu leben. Stattdessen hat sie sich ihren Weg geebnet. Im Interview spricht sie mit einer Leichtigkeit, mit einer Lebensfreude, die verblüffend und ansteckend zugleich ist. Und darum lacht sie auch, als sie sagt: „Das habe ich alles dem Training zu verdanken. Dass ich wieder ein bisschen gehen kann, die Freundschaften im Verein, die Bewunderung der Menschen, das Gefühl, ein Mensch zu sein. Das ist mehr wert als Gold."

Die Ethik und Moral des Verzeihens

Fachinterview mit Professor Dr. Michael Bongardt,
geschäftsführender Direktor des Instituts für Vergleichende
Ethik an der Freien Universität Berlin

Fehler sind menschlich. Birgit Kober hat es selbst gesagt und nicht nur der Krankenschwester, der der Behandlungsfehler passierte, sondern auch dem Krankenhaus, in dem sie behandelt wurde, verziehen. Doch wie sind solche Fehler ethisch zu bewerten – und welche Rolle spielt dabei eine Entschuldigung? Wir sprechen mit Professor Dr. Michael Bongardt, geschäftsführender Direktor des Instituts für vergleichende Ethik an der Freien Universität Berlin.

Die Ethik ist kein Naturgesetz, sondern von Menschen gemacht. Sie umfasst einen Kanon von Regeln und Richtlinien, die das menschliche Zusammenleben möglich machen und positiv gestalten sollen. Diese Regeln können von Kultur zu Kultur differieren und verändern sich mit der Zeit. Schon eines der 10 Gebote lautet, der Mensch solle nicht töten. Die Todesstrafe oder die Tötung im Krieg aber galt über Jahrtausende als moralisch unbedenklich. Beide Bewertungen haben sich in jüngster Zeit verändert, was zeigt, dass Moral und Ethik dynamische Inhalte bergen. Doch auch wenn man diese Relativität ethischer Normen anerkennt, dürfte weitgehende Einigkeit darin bestehen, dass der Behandlungsfehler, der zur Behinderung von Birgit Kober führte, nicht hätte sein sollen: Er war ethisch nicht vertretbar.

Allerdings muss eine wichtige Unterscheidung gemacht werden zwischen einem Schaden, der willentlich zugefügt wird, und einem solchen, der aus einem Versehen heraus passiert.

Willentlich zugefügtem Schaden geht ein Kalkül voraus, eine Handlungs- und Schädigungsabsicht. Diese kann dem Krankenhaus natürlich nicht unterstellt werden, auch besteht im vorliegenden Fall kein Hinweis auf eine Absicht der Krankenschwester. Natürlich ist der Schuldner verantwortlich für den Schaden – auch dann, wenn keine Intention, sondern „nur" Fahrlässigkeit vorliegt. Gleichwohl verschiebt sich die moralische Qualität des Schadens: Die Schuld für eine bewusste Schädigung wiegt schwerer. Ob eine Fahrlässigkeit eher zu verzeihen ist als eine bewusste Handlung, ist jedoch eine andere Frage. Manchen Menschen fällt es leichter, die Bosheit eines anderen zu akzeptieren als die Zufälligkeit eines Flüchtigkeitsfehlers.

Die Phrase: „Ich entschuldige mich" wird gemeinhin sehr unscharf verwendet. Aus ethischer Sicht kann man sich nicht entschuldigen, sondern lediglich um Entschuldigung bitten. Eine Schuld kann niemand von sich aus loswerden. Entschuldigt wird man erst dann, wenn der Leidtragende die Schuld verzeiht. Wer einen Fehler gemacht hat, kann nicht sich entschuldigen, sondern nur sagen: „Ich bitte um Entschuldigung." Der Geschädigte allein entscheidet, ob er verzeiht oder nicht.

Ethik und Moral verlangen vom Krankenhaus und der Schwester, um Entschuldigung zu bitten. Ethik und Moral verlangen aber nicht im Umkehrschluss, dass Birgit Kober die Entschuldigung auch annimmt. Es obliegt allein dem Leidtragenden, eine Entschuldigung, eine Bitte um Verzeihung, zu akzeptieren oder sie zurückzuweisen. In einer Situation, in der zwischen einem Verantwortlichen, einem Schuldigen und einem Geschädigten unterschieden werden kann, besteht zwischen den Parteien eine Asymmetrie. Diese Asymmetrie zeigt sich in der Freiheit des Geschädigten, dem Schädiger zu verzeihen – einer Freiheit, die keiner Pflicht unterliegt.

Die Zeit lässt sich nicht zurückdrehen – was geschehen ist, ist geschehen. Wenn Schaden entstanden ist, der nicht mehr rückgängig zu machen ist, reicht selbst ein Verzeihen häufig nicht aus. Dass Birgit Kober die Entschuldigung annimmt und verzeihen kann, ändert nichts an ihrer physischen und psychischen Belastung. Es ist daher häufig notwendig, weitere Hilfe anzubieten. Es sollte nicht bei Worten bleiben, sondern die Bitte um Entschuldigung sollte in den Versuch des Schuldigen münden, der Geschädigten Hilfe zukommen zu lassen. Wenn er auch nicht wieder gut zu machen ist, so kann Schaden immerhin gelindert werden. Nicht selten geschieht dies in Form von Geldzahlungen – die der Geschädigten die größtmögliche Freiheit lassen, diese „Wiedergutmachung" nach eigenem Ermessen einzusetzen.

Gleichwohl ist das Verzeihen von weitreichender Bedeutung auch für die, die verzeihen. Wer verzeihen kann, befreit sich selbst. Wessen Entschuldigung angenommen wird, dem wird moralische Last abgenommen. Die Entschuldigung des Krankenhauses und das Verzeihen des Fehlers gehen somit eine Wechselwirkung ein, die beiden Parteien förderlich ist. Das Annehmen der Entschuldigung und das Verzeihen des Fehlers halfen Birgit Kober, nach vorne zu schauen und die Vergangenheit ruhen zu lassen.

Literaturvorschläge und Hinweise zum Verzeihen

Empfehlenswert ist das Buch Fey, Gudrun: *Gelassenheit siegt: Mit Fragen, Vorwürfen, Angriffen souverän umgehen*; Walhalla-Fachverlag. 2013. Es enthält zahlreiche Verhaltenstipps, um künftig selbstbewusst und gelassen zu reagieren, anstatt sich bei Auseinandersetzungen zu ärgern oder nach einem schlagfertigen Konter zu suchen.

Betroffenen, die schnell gereizt reagieren oder sich schwer damit tun, Fehler zu verzeihen, aber auch Interessierten, die gelassener vergeben, vergessen und verzeihen möchten, sei dieses Buch empfohlen: Tipping, Colin: *Ich vergebe: Der radikale Abschied vom Opferdasein*; Kamphausen. 2004. Das Buch gibt nachvollziehbare Praxistipps, wie unsere Wut zur Energiequelle wird und wie wir aus Vergebung lernen können.

Ebenfalls empfehlenswert mit Praxistipps und einem Vier-Schritte-Programm für erfolgreiches Vergeben und Sich-selbst-Bestärken: Duprée, Ulrich Emil: *Ho'oponopono – Das hawaiianische Vergebungsritual*; Schirner Verlag. 2013

Unter der Adresse www.zeitzuleben.de sind einige weitere Informationen und konkrete Tipps zur Verfügung gestellt – nicht nur zum Verzeihen und Loslassen, sondern auch zur Stärkung der eigenen Willenskraft oder dem Erreichen des inneren Friedens.

Nina Wortmann: Steh zu dir

Karriere als Foto-Model trotz Autounfall mit schweren Folgen

Nachdem Nina Wortmann die Realschule abgeschlossen hatte, begann sie eine Ausbildung zur Forstwirtin, die sie jedoch nach zwei Jahren abbrechen musste. Sie litt unter Morbus Crohn, einer chronischen Magen-Darm-Erkrankung. Anschließend fand sie einen Job bei der Post, bevor sie unverhofft schwanger wurde. Nina Wortmann lacht, als sie erzählt: „Ein bisschen war es ein Unfall. Ich bin nur deswegen zum Arzt gegangen, weil ich dachte, ich hätte Brustkrebs. Natürlich, die Brust spannt. Die Kleine habe ich behalten. Abtreibung war nie ein Thema. Immerhin schlug da ein zweites Herz in meinem Bauch.“

Die Schwangerschaft verlief problemlos, ihr Freund und Vater ihrer Tochter unterstützte sie wo immer möglich. Nach der Geburt kehrten die Symptome der Erkrankung zurück, dennoch begann Nina Wortmann eine Ausbildung zur Ergotherapeutin. „Mein Freund arbeitete im Schichtdienst, ich war den Tag über häufig weg. Im Grunde gaben wir uns nur die Klinke in die Hand, aber wir arbeiteten auf ein Ziel hin, denn wir wollten für unsere Tochter sorgen können.“

Zwei Jahre später beschlossen sie und ihr Freund zu heiraten. Sie planten die Hochzeit, schrieben gemeinsam Einladungskarten und kauften ein Hochzeitskleid. „Wir wollten nur standesamtlich heiraten, aber so ein Kleid wollte ich immer haben – ein weißes Kleid mit einer sehr langen Schleppe.“

Zu dieser Hochzeit sollte es nie kommen. Als Nina Wortmann mit ihrer Tochter auf dem Beifahrersitz im Auto unterwegs war, passierte ein folgenschwerer Unfall. Laut Unfallbericht kam sie von der Spur ab und raste beinahe ungebremst in neben der Fahrbahn stehende Bäume. Wie durch ein Wunder wurde ihre Tochter kaum verletzt – sie kam, abgesehen von einigen Kratzern und einer Verstauchung des Fußgelenks, mit einem Schrecken davon. Nina Wortmann hatte dieses Glück nicht.

Durch den Unfall waren die Türen des Autos so verzogen, dass sie sich nicht öffnen ließen. Polizei, Krankenwagen und Feuerwehr waren vor Ort, das Fahrzeugdach musste angesägt und entfernt werden. Es dauerte über eine Stunde, bis Nina Wortmann aus dem Wagen befreit werden konnte. „Bei dieser Prozedur hielt ein fremder Mann meinen Kopf. Ich hatte mir den fünften, sechsten und siebten Halswirbel gebrochen, aber das wusste man zu diesem Zeitpunkt noch nicht. Hätte dieser Mann nicht meinen Kopf in einer geraden Stellung gehalten, würde ich jetzt vielleicht nicht mehr leben."

Noch am Unfallort bemerkte sie, dass sie kein Gefühl in den Beinen hatte. Mit dem Hubschrauber brachte man sie in ein Krankenhaus in Dortmund, wo sie sechs Stunden lang operiert wurde. Aufgrund der Rückenverletzungen war ungewiss, ob Nina Wortmann die Folgen des Unfalls überleben würde.

„Natürlich ist mein Freund und heutiger Ehemann direkt ins Krankenhaus gefahren, die Ärzte hatten aber nur eine ernüchternde Auskunft: Falls ich überleben würde, und das war wirklich nicht sicher, nahm man an, dass ich mich vom Kopf abwärts nicht mehr würde bewegen können. Ob ich selbstständig atmen könne, das müsse man abwarten." Ihrem Freund wurde geraten, nach Hause zu fahren und dort auf den Anruf der Ärzte zu warten, die sich melden würden, sobald neue

Informationen vorlägen. Er wusste, dass sie mit einer solchen Lähmung nicht würde leben wollen. Daher hoffte er, dass sie sterben möge. Doch letztlich ist alles ganz anders gekommen.

Schließlich kam die Nachricht, dass sie überlebt hatte. Nina Wortmanns Freund fuhr sofort zu ihr in die Klinik. „Als er mich da gesehen hat, war er dann doch froh, dass ich nicht gestorben war. Meine Mutter, die Physiotherapeutin war, hat sofort angefangen, mit mir zu trainieren." Nina Wortmann konnte ihren Körper von der Brust abwärts nicht mehr spüren. Sie litt an Spastiken – unkontrollierten Muskelkontraktionen, die das Gehirn nicht mehr steuern kann. Dennoch galten ihre ersten Gedanken nicht ihr selbst, sondern ihrer Tochter. „Dass ihr nichts passiert sein sollte, konnte ich nicht glauben. Ich dachte, die lügen mich an. Ich glaube, das Schlimmste, was sich eine Mutter vorstellen kann, ist die Angst, dass man das eigene Kind auf dem Gewissen hat."

Bald wurde sie nach Bochum verlegt, auf eine Station für Querschnittsgelähmte. Ihre Tochter für einen Besuch dort hinzubringen, war schwierig, also nahm die Familie Bilder mit. Aber das genügte ihr nicht. „Irgendwann sagte mein Mann zu mir, morgen würde er mit unserer Tochter kommen. Und das tat er auch. Das war der Moment, an dem ich mir sagte: Jetzt musst du es schaffen, jetzt musst du kämpfen, jetzt musst du alles dafür tun, um da irgendwie raus zu kommen. Also biss ich in den sauren Apfel."

Sie ließ die Schmerzmittel und Antidepressiva, die Teil der klinischen Erstversorgung waren, so schnell es möglich war absetzen, um klar denken können. Und dann ging sie durch die Hölle. „Ich hatte Schmerzen, aber ich konnte immerhin klare Gedanken fassen. Ich glaube, ich habe noch nie so viel trainiert wie in den viereinhalb Monaten im Krankenhaus."

Irgendwann konnte sie die Schultern anheben, dann die Arme. Nina Wortmann absolvierte verschiedene Therapien. Ihre Mutter gliederte sie so oft es ging in das normale Leben ein, ging mit ihr Einkaufen und nahm sie im Rollstuhl zu Spaziergängen mit. „Ich hatte gar nicht die Möglichkeit, irgendwie abzudriften. Da hat meine Mama wirklich Großartiges geleistet."

Nina Wortmann versuchte, ihre Kräfte zurückzugewinnen. Sie wollte nicht aufgeben und sie wollte das, was war, nicht hinnehmen. Daher trainierte sie und meisterte Schritt für Schritt alltägliche Herausforderungen. „Ich habe versucht, meinen Rollstuhl eigenhändig durch das Zimmer zu bewegen. Jede Fuge im Boden war ein Hindernis, aber irgendwann habe ich es zur Tür geschafft. Es hat Wochen gedauert, bis ich die Klinke herunterdrücken konnte, aber irgendwann ging auch das."

Trotzdem blieb es schwierig. Aufgrund der Spastik in den Beinen musste Nina Wortmann an den Rollstuhl gebunden werden, damit sie nicht herausgeschleudert wurde. „Ich begann, wütend zu werden und meine Einschränkungen zu verfluchen. Aber dann merkte ich, dass das nichts brachte. Je negativer ich darüber dachte, desto schlimmer wurde es. Ich bekam Medikamente gegen die unkontrollierten Muskelkontraktionen und trainierte weiter. Heute habe ich gelernt, die Spastik bewusst anzutriggern, wenn mir die Kraft für etwas fehlt. Das ist wirklich ein großes Stück Lebensqualität, das ich wiedergewonnen habe."

Nina Wortmann hatte immerhin soviel Glück, dass zwar die motorischen Nervenbahnen bei dem Unfall zerstört wurden, die sensorischen jedoch nicht. Irgendwann konnte sie ihre Füße wieder spüren, heute spürt sie ihren ganzen Körper. Das

Körpergefühl hilft ihr, denn sie kann ihre Beine, die sie nicht bewegen kann, trotzdem als Teil ihres Körpers wahrnehmen.

Nach viereinhalb Monaten durfte sie das Krankenhaus verlassen. Sie tauschte die Wohnung mit der im Erdgeschoss im selben Haus und schuf so die Voraussetzungen für das Leben im Rollstuhl. Ihre Familie und Freunde kamen regelmäßig zu Besuch und unterstützten sie nach Kräften.

Ihre Tochter hielt sie auf Trab und stellte sie vor immer neue Herausforderungen. Sie lernte Muskelpartien zu steuern, die sie verloren geglaubt hatte. „Meine Tochter war die beste Therapeutin", sagt Nina Wortmann lachend.

Sie begann im Internet zu recherchieren, wie andere Menschen mit einer solchen Einschränkung umgingen, und stieß auf eine Webseite, die Modell-Wettbewerbe ausschrieb – für Frauen im Rollstuhl. „Das war interessant, aber ich wollte eigentlich gar nicht mitmachen. Ich saß ja erst seit einem Jahr im Rollstuhl und ich ließ mich sehr ungern darin fotografieren. Erst mein Mann brachte mich dazu, mitzumachen und es einfach auszuprobieren."

Schließlich bewarb sie sich und erhielt wenige Wochen später einen Anruf, in dem ihr mitgeteilt wurde, sie sei aus über zweihundert Bewerberinnen in die engere Auswahl genommen worden. Man bat sie um einen Präsenztermin. „Das hat mich total gefreut! Ich war kurz unschlüssig, ob ich mich wirklich trauen würde, dorthin zu gehen. Es gehört schon Mut dazu, seinen eingeschränkten und nicht mehr vollständig funktionsfähigen Körper so offen zu präsentieren. Außerdem zeigten die Bilder auf der Webseite so wunderschöne Frauen im Rollstuhl, mit denen ich eigentlich nicht in Konkurrenz hätte treten wollen." Schließlich fuhr sie dann aber doch. Nach dem Unfall, dem harten Training, der zurückgewonnenen Kontrolle über bestimmte Muskelpartien schien es nur logisch, dass Nina Wortmann nicht aufhören würde, ihr Leben zurückzuerobern.

Die Tatsache, dass sie erst seit einem Jahr im Rollstuhl saß, wurde zum Gegenstand von Lästereien und Sticheleien. Sie ließ sich davon nicht beirren, stattdessen merkte sie, dass ihr das Fotoshooting Spaß machte. „Heute glaube ich, dass jeder ein Modell sein kann. Wenn ich mir die Bilder ansehe, erschrecke ich manchmal selbst und frage mich: Bin das wirklich ich? Durch das ganze Make-up, die professionellen Fotografen, die Lichtverhältnisse und so weiter entstehen einfach Bilder, die besser sind als herkömmliche Schnappschüsse."

Über den Wettbewerb kam Nina Wortmann mit einem Fotografen in Kontakt, mit dem sie sich zu einem weiteren Shooting traf. Die dabei entstandenen Bilder schickten sie an verschiedene Verteiler. Auf einigen war der Rollstuhl nicht zu sehen – sie saß auf einem Stuhl, lag auf einer Couch oder lehnte an einem Fenster. Ein Immobilienmakler griff die Fotografien auf und verwendete sie in seiner Produktbroschüre. Das war der Auftakt ihrer Karriere, viele weitere Shootings sollten folgen.

Schließlich holten Nina Wortmann und ihr Freund die Heirat nach. Der Rollstuhl störte nicht, kurzerhand ließ sie das Hochzeitskleid entsprechend umschneidern. Ihr Mann schloss seine Ausbildung als Techniker ab, bekam eine Stelle und kaufte sich das Motorrad, das er sich schon immer gewünscht hatte. Alles schien wunderbar. Sie waren eine glückliche Familie, die es trotz des schweren Unfalls geschafft hatte, nicht die Schatten, sondern das Licht zu sehen. Aber es warteten weitere Überraschungen auf sie.

„Eines Tages stand die Polizei vor der Tür. Ich bekam Angst und dachte sofort an meinen Mann. Sie sagten mir, er hätte einen Unfall gehabt und sei mit dem Hubschrauber ins Krankenhaus gebracht worden. Es war die gleiche Klinik, in der auch ich damals lag." Die Polizei teilte ihr mit, dass es sich um keine schwerwiegenden Verletzungen handle, aber das hatte man ihrem Mann damals auch gesagt. „Das war das einzige Mal in meinem Leben, in dem ich beinahe wirklich die Nerven verloren habe", erzählt sie.

Sie fuhr ins Krankenhaus und wartete darauf, dass die Operation beendet war und man ihr weitere Informationen geben würde. Sie verfluchte das Schicksal. Schließlich die erlösende Nachricht: Ihr Mann habe Glück gehabt – zwar sei er gegen ein anderes Auto geprallt, aber er habe das Motorrad rechtzeitig losgelassen, sei dreiundzwanzig Meter durch die Luft geflogen und trotz allem mit einigen Knochenbrüchen davongekommen.

„Als ich neben seinem Bett stand, sah, wie er da lag, wie ich da gelegen hatte, da wusste ich, was er gefühlt hatte. Es reißt einem alles aus der Brust, den geliebten Menschen so zu sehen. Ich hatte das Glück, dass meine Tochter mein Ansporn war, das Beste aus der Situation zu machen. Ich habe die Kraft gehabt zu kämpfen."

Ironischerweise war der Unfall ihres Mannes nur unweit von der Stelle entfernt passiert, an der sie selbst verunglückt war. Auch ihr Mann trainierte sofort, um die Muskeln aufzubauen. Diese Schicksalsschläge ließen die junge Familie nicht auseinanderbrechen. Im Gegenteil, sie schmiedeten sie enger zusammen. Nina Wortmann bekam Modellaufträge für die Deutsche Bahn, für Hotels, für die Aktion Mensch. Beim erneut stattfindenden Modellcontest war sie selbst Mitglied der Jury.

„Das war toll – und da waren so viele so wunderschöne Mädchen im Rollstuhl. Und ich habe großen Respekt davor, dass auch sie sich trotz der Behinderung vor die Kamera trauten. Für mich jedenfalls war das ein großer Schritt."

Trotzdem gab es auch Menschen, die große Berührungsängste hatten. Während manche sich sehr für sie und ihre Arbeit interessierten, mussten andere eine große Barriere überwinden, um mit ihr in Kontakt zu treten. Nina Wortmann kann das nicht verstehen: „Ich finde diese Berührungsängste sehr schade. Wir leben doch im 21. Jahrhundert. Behinderte beißen nicht und sind auch sonst nicht anders – ich sitze eben im Rollstuhl. Das ist auch der Grund, warum ich das mache. Je mehr Menschen mit Handicap, je mehr Rollstuhlfahrer in die Öffentlichkeit gehen, desto normaler wird es und desto seltener wird man komisch angeschaut."

Nina Wortmann ist nicht böse auf das Schicksal, stattdessen hat sie sich mit ihm angefreundet. Die Hoffnung, die sie durch die schwerste Zeit begleitet hat, hat sie vor allem durch ihre Tochter geschöpft. Und sie hat gelernt, mit ihrer Behinderung umzugehen. Der Schritt in die Öffentlichkeit, das Präsentieren des eigenen Körpers vor der Kamera, das war eine der schwersten Aufgaben. Heute tritt sie dafür ein, dass man Menschen mit Behinderung offener und aufgeschlossener begegnet.

Entspannter Umgang mit Menschen mit Behinderung

Fachinterview mit Dr. Ilja Seifert, Vorstand des Allgemeinen Behindertenverbandes in Deutschland „Für Selbstbestimmung und Würde" e.V. (ABiD)

Nina Wortmann hadert nicht mit dem Schicksal, sondern nimmt ihre Beeinträchtigung an – und macht so das Beste daraus. Die Möglichkeiten dazu und die Offenheit, mit der andere Menschen ihr begegnen, sind das Resultat der Anstrengungen derer, die sich für ein besseres Miteinander von Menschen mit und ohne Behinderungen einsetzen. Wir haben mit Dr. Ilja Seifert, Vorsitzender des Allgemeinen Behindertenverbandes in Deutschland „Für Selbstbestimmung und Würde" e.V. (ABiD), gesprochen.

Nina Wortmann ist kein Einzelfall, erzählt er uns. Viele Menschen mit Behinderungen schaffen es, eine positive Grundeinstellung zu ihrem Leben mit der Beeinträchtigung aufzubauen. Dann ist es ganz egal, welchen Beruf sie ergreifen bzw. wie sie ihre Teilhabe gestalten. Wichtig ist, zu sich und seiner Beeinträchtigung zu stehen. Gerade Menschen, die bereits in jungen Jahren etwa durch einen Unfall beeinträchtigt werden, schaffen es häufig, nach vorne zu blicken.

Leider gibt es auch die andere Seite – Menschen, die das Jetzt stets mit dem Vorher vergleichen. Statt neue Wege zu gehen oder zu rollen, trauern sie der Vergangenheit nach. Das ist deprimierend. Dem Einzelnen kann man das nicht zum Vorwurf machen. Wer Jahrzehnte in Heimen verbringt, wer von der Außenwelt systematisch abgeschottet wird, hat kaum Möglichkeiten, das positive Miteinander zu erlernen und zu erleben.

Unter der Prämisse, öffentliche Stigmatisierung zu verhindern, werden manche Menschen mit einer Behinderung in eigens dafür eingerichteten Anstalten betreut. Man möchte ihnen die öffentliche Schelte, das Angeglotzt werden und die Ablehnung ersparen, von der man glaubt, dass sie ihnen droht. Ilja Seifert hält dieses Vorgehen für unmenschlich. Was man diesen Menschen vorenthält, ist nicht nur die Chance auf ein „richtiges", weitgehend selbstbestimmtes Leben. Wer beispielsweise Zeit seines Lebens gewohnt ist, die Betreuer und alle sonstigen Personen seiner engen Umgebung mit „du" anzusprechen und selbst immer geduzt wird, weiß nicht, wann man wen mit „Sie" oder „du" anspricht. So ist auffälliges Verhalten programmiert, wenn sich doch manchmal Gelegenheiten ergeben, sich in der Öffentlichkeit zu bewegen.

Unbegründet ist die Sorge um soziale Ausgrenzung jedoch nicht. Eine diffuse Angst vor Menschen mit Behinderung ist real. Wer nicht normal aussieht, stößt schnell auf Ablehnung. Manche Eltern halten ihre Kinder von solchen Menschen fern. Andere sehen in den Beeinträchtigungen gar eine Strafe Gottes. Glücklicherweise werden derartige Ängste in unserer Gesellschaft nach und nach abgebaut. In den letzten Jahren und Jahrzehnten hat sich viel getan.

Einige Errungenschaften für Menschen mit Behinderung sind mittlerweile so selbstverständlich, dass wir gar nicht mehr darüber nachdenken. Rollstuhlfahrer beispielsweise sind Teil des öffentlichen Lebens. Ebenso Blinde oder Menschen mit einer geistigen Behinderung. Das Ein- und Aussteigen mit einem Rollstuhl in Bus und Bahn ist fast überall problemlos möglich. Je früher und intensiver der Kontakt zwischen Menschen mit und ohne Behinderungen stattfindet, desto selbstverständlicher und nachhaltiger gestaltet sich das Miteinander. Ilja Seifert, der selbst im Rollstuhl sitzt, kann von zahlreichen Begegnungen mit Kindern berichten, die vorbehaltlos mit ihm reden und auf ihn zugehen. Manchmal wollen sie sich seinen Rollstuhl ausborgen und selbst damit fahren.

Nina Wortmann ist einen sehr positiven Weg gegangen. Sie hat ihre Beeinträchtigung angenommen und geht unverkrampft damit um, anstatt sich zu verstecken. Dass ihr Weg erfolgreich war, ist auch auf die Arbeit all derer zurückzuführen, die seit vielen Jahrzehnten sehr kreativ dafür kämpfen, als gleichberechtigte und gleichwertige Mitglieder der Gesellschaft anerkannt und geachtet zu werden. Die Aufgeschlossenheit, die heute – zwar nicht immer, aber immer häufiger – zu beobachten ist, ist hart erkämpft. Eine behindertengerechte Umgebung, ein behindertengerechter Umgang oder eben das Fotografieren von Behinderungen jedweder Art werden immer häufiger als menschengerecht verstanden. Davon profitieren alle. Ilja Seifert ist guter Dinge. Zwar gibt es noch viel zu tun, es wurde aber auch schon viel bewegt. Vor allem die Art, wie wir miteinander umgehen, verändert sich zunehmend. Denn letztlich sind wir, ob mit oder ohne Behinderung, alle Menschen.

Literaturvorschläge und Hinweise zum entspannten und konstruktiven Umgang mit Menschen mit Behinderung

Empfehlenswert ist das Buch Fasel, Christoph & Koch, Samuel: *Samuel Koch – Zwei Leben*; adeo. 2012. Samuel Koch, der durch einen Unfall bei „Wetten, dass…" vom Hals abwärts gelähmt ist, beschreibt, wie er am Glauben festhält und wie kostbar das Leben für ihn ist.

Nicht nur für Betroffene interessant ist das Buch Krauthausen, Raúl Aguayo & Appelt, Marion: *Dachdecker wollte ich eh nicht werden: Das Leben aus der Rollstuhlperspektive*; rororo. 2014. Der Autor, der selbst im Rollstuhl sitzt, beschreibt auf sehr sympathische und witzige Weise, wie ein Miteinander von Behinderten und Nichtbehinderten aussehen kann. Interessierten kann das Buch einen Zugang öffnen, Betroffenen kann es helfen, sich durch die Einschränkungen nicht fremdbestimmen zu lassen.

Zahlreiche Tipps für den konstruktiven und unverkrampften Umgang mit Menschen mit Behinderung sowie umfangreiche Informationen zur Integration, medizinischen Versorgung, Bildung, Arbeit und vielen weiteren Themen bietet zudem die Adresse www.behinderung.org

Außerdem lohnenswert kann ein Blick auf die Webseite der Bundesarbeitsgemeinschaft für Behinderung und Studium e.V. sein, die unter der Adresse www.behinderung-und-studium.de zu finden ist.

Andreas Weber: Mit Kraft und Liebe

Familienglück trotz Tochter mit Trisomie 21

Andreas Weber ließ sein Studium entspannt angehen, würde aber nach zwei bis drei weiteren Semestern fertig sein. Mit seiner Frau hatte er bereits eine ungefähre Lebensplanung entwickelt: Studium abschließen, Familie vergrößern. Andreas Weber freute sich auf diese Zeit. Er ahnte nicht, welche Prüfung ihn erwartete.

Eineinhalb Jahre später hatte er das Studium abgeschlossen und war im Berufsleben angekommen, das erste Kind war zwei Jahre alt und das zweite unterwegs. Mitte Dezember sollte es kommen. Andreas Weber nahm sich einige Tage vorher Urlaub. Am siebzehnten Dezember war es dann soweit: Anica erblickte das Licht der Welt.

Seine Frau und seine neugeborgene Tochter blieben nach der Geburt in der Klinik. Als er am nächsten Tag das Foyer des Krankenhauses betrat, sah er seine Mutter dort sitzen. Sie hatte Tränen in den Augen. „Ich ahnte bereits, dass etwas nicht stimmte. Als ich dann meine Frau sah, ein Häufchen Elend, wurde mir mulmig."

Der Kinderarzt teilte es ihm schließlich mit. „Ihr Kind hat Trisomie 21." Was das genau sei, fragte Andreas Weber. „Down-Syndrom." Was man sich darunter vorstellen müsse, hakte er nach. „Ihr Kind ist mongoloid." „Der Arzt dachte, man hätte uns bereits mitgeteilt, dass es einen solchen Verdacht gegeben hatte. Im Nachhinein erfuhren wir, dass der Oberarzt verboten hatte, darüber zu sprechen, bis der Kinderarzt die Diagnose bestätigt hätte. Es war die Holzhammer-Methode, mit der man es uns beigebracht hat."

Fast fluchtartig verließ Andreas Weber mit seiner Frau die Klinik. Da Anica unter einem akuten Herzfehler litt, der häufig mit dieser Art der Behinderung assoziiert ist, musste sie weiterhin ärztlich betreut werden und wurde auf die Intensivstation für Kinder der Uniklinik Frankfurt verlegt. Andreas Weber wurde aus der Bahn geworfen. Heute erinnert er sich: „Man plant sein Leben, man freut sich auf die Geburt. Dann kommt man nach Hause und betritt das fertig eingerichtete Kinderzimmer – aber man kommt mit leeren Händen."

Sie erkundigten sich über die Verfahren zur Adoptionsfreigabe. Am vierundzwanzigsten Dezember sahen sich Andreas Weber und seine Frau tief in die Augen. „Das war der Augenblick, an dem wir gemerkt haben, dass doch etwas fehlt. Dass Anica irgendwie dazu gehören musste." Einige Tage später fuhren sie zum Jugendamt, um sich nach Unterstützung zu erkundigen. Noch am selben Tag besuchten sie Anica in der Klinik.

Am dreißigsten Dezember konnten sie Anica mit nach Hause nehmen. Es war der Anfang eines steinigen Wegs. Heute blickt Andreas Weber zurück und weiß nicht, ob er lachen oder weinen soll. Er sagt: „Man wächst in eine solche Aufgabe hinein. Irgendwann hat es in meinem Herzen und dem meiner Frau Klick gemacht."

Doch einfach war es nicht. Am Anfang sahen sich die Eltern eher als Pfleger, denn als Vater und Mutter. Sie fütterten Anica, säuberten sie, legten sie zu Bett. Nach acht Wochen drückte Andreas Webers Frau Anica an ihre Brust und bemerkte: Sie ist ein Teil von mir. „Ich hatte es einfacher. Ich konnte arbeiten gehen, konnte Abstand gewinnen. Meine Frau hatte diesen Luxus nicht. Anfangs fehlte das Herz. Das kam erst nach und nach. Aber es kam."

Als Anica sechzehn Wochen alt war, fassten Andreas Weber und seine Frau endgültig den Entschluss, das Kind zu behalten. Auf ihrer Suche nach Hilfe und wandten sie sich an Logopäden, Kinderärzte und das Jugendamt. In ihren ersten beiden Lebensjahren bekam Anica weit über 150 Stunden Krankengymnastik. Aber es lohnte sich. „Nach und nach wurden die ersten Ergebnisse bemerkbar: mal ein Lächeln, hier ein Begreifen, dort ein Folgen mit den Augen. Es sind diese Dinge, die einem neue Motivation geben."

Andreas Weber nahm Kontakt zur Lebenshilfe für geistig behinderte Menschen auf, einer Organisation, 1961 gegründet, die nicht nur Informationen, sondern auch sonstige Hilfeleistungen für Menschen mit Behinderung und deren Angehörige anbietet. Andreas Weber übernahm eine ehrenamtliche Tätigkeit im Vorstand und gab dafür das Ehrenamt in einer lokalen DLRG-Gruppe auf. „Ich konnte nicht alles unter einen Hut bringen. Ich musste ja auch noch Geld verdienen – und die besonderen Bedürfnisse von Anica waren teilweise teuer."

Im Alter von sechzehn Monaten musste Anica zum ersten Mal am Herzen operiert werden. Die Operation empfand Andreas Weber als zweischneidiges Schwert: „Natürlich hoffte ich, dass alles gut verlaufen würde. Aber es keimte auch der Gedanke, dass, falls etwas schief gehen sollte, ich meinen Frieden würde finden können. Ich wusste, wir hatten alles versucht. Wir hatten das Kind auf seinem Weg begleitet und könnten dann damit abschließen." Er wusste nicht, ob er so hätte denken dürfen. Er vermochte es aber auch nicht zu ändern.

Die Operation verlief gut und bald wurden deutliche Entwicklungsfortschritte bemerkbar. Der Herzfehler hatte dazu geführt, dass ein Teil des sauerstoffarmen Blutes erneut in den Kreislauf gelangt war, das wiederum hatte die körperliche Entwicklung ausgebremst. Diese Hemmung fiel nun weg. „Man darf diese Kinder nicht mit Kindern ohne Behinderung vergleichen. Dass sie sich langsamer entwickeln, dass man ihnen manches nicht nur zehnmal, sondern hundertmal sagen muss, das muss man annehmen", sagt Andreas Weber heute.

Nach einigen Anstrengungen bekam Anica einen Platz in einem evangelischen Kindergarten. Andreas Weber sprach beim Vorstand vor, nur durch eine jährliche Zahlung der Stadt in Höhe von 15.000 DM konnte der Besuch realisiert werden. Doch es lohnte sich. Anica wurde gefördert und kam mit anderen Kindern in Kontakt. Sie integrierte sich selbst und suchte Anschluss. Leicht war es dennoch nicht. Andreas Weber erinnert sich, dass hin und wieder Eltern den Umgang ihrer Kinder mit Anica zu unterbinden versuchten. „Es kostet viel Kraft, immer wieder das Gespräch zu suchen. Häufig muss man den Menschen erst erklären, dass das Down-Syndrom nicht ansteckend ist. Aber es gibt eben auch keine Heilung. Man muss es annehmen."

Drei Jahre später wehrten sich Anicas Eltern dagegen, das Kind auf eine Sonderschule schicken zu müssen. Auch in der Grundschule zahlte sich der Kontakt mit anderen, nicht behinderten Kindern aus. Trotz ihrer langsameren Entwicklung und dank der Hilfe ihres großen Bruders fiel sie nicht zu weit zurück. Auch einen kleineren Bruder hatte sie mittlerweile bekommen.

In der Realschule machte sich bemerkbar, dass die Entwicklungsschere zunehmend auseinander ging. Viele Kinder wollten mit Anica nichts mehr zu tun haben. Nach dem Abschluss der Realschule besuchte sie eine Schule für praktisch Bildbare, wo Einkaufen, Rechnen und handwerkliche Tätigkeiten vermittelt wurden.

Um seine beiden Söhne nicht zu vernachlässigen, versuchte Andreas Weber, an Vater-Kind-Wochenenden teilzunehmen. Mal nahm er seinen älteren, mal seinen jüngeren Sohn mit, manchmal beide zur gleichen Zeit. „All das kostete viel Kraft. Aber es hat sich gezeigt: Um all die Tiefen zu überwinden, braucht es einen starken Partner. Dafür wurden uns die Höhen geschenkt, wenn wir die Entwicklung unserer Kinder sehen konnten. Und wenn wir merkten, dass sie uns etwas zurückgaben."

Als Andreas Weber von der zweiten Herzoperation erzählt, muss er schwer schlucken. Er hat gebangt, dass es gut gehen möge. Der Gedanke, dass er bei einem Fehlschlag nicht nur von der Last befreit sein, sondern auch Frieden würde finden können, war verschwunden. Er wollte keinen Fehlschlag. Die Last, die er durch all die zusätzlichen Anstrengungen zu tragen hatte, war es wert. Das Kind war ihm ans Herz gewachsen.

Auch die zweite Operation überstand Anica gut. Andreas Weber erzählt, sie ginge gerne in die Schule. „Sie ist die Einäugige unter den Blinden. Sie ist ja mobil, sie hat keinen erhöhten Pflegebedarf. Wichtig ist, die Kinder von vornherein richtig zu erziehen. Eine Behinderung muss kein Freibrief für schlechtes Benehmen sein. Meine Frau und ich sind stolz auf unsere Tochter – ungeachtet ihrer Beeinträchtigung."

Bis sie fünfundzwanzig ist, soll sie ausgezogen sein. Aber nicht, weil Andreas Weber sich nicht mehr um Anica kümmern möchte, sondern damit sie ihr eigenes Leben leben kann. „Wir bauen mit der Lebenshilfe Wohnungen, die betreut werden. Man muss den Kindern die Möglichkeit geben, ihren eigenen Weg zu gehen."

Wenn Andreas Weber heute zurückdenkt, lacht er bei der Frage, was ihm die Kraft gegeben hat, diesen schweren Weg zu gehen. Den Weg mit dem Kind mit Trisomie 21. Mit Down-Syndrom. „Natürlich habe ich mich manchmal gefragt, warum gerade uns so etwas passieren muss. Nach der Geburt mit leeren Händen nach Hause zu gehen, nachdem man neun Monate lang geplant, gehofft und gewartet hat. Das war nicht einfach. Aber es war alle Mühe wert."

Andreas Weber erzählt, dass er zu Beginn auf große Zurückhaltung und Skepsis gestoßen ist, als er der Familie und den Freunden von dem Entschluss erzählte, das Kind anzunehmen. Heute weiß er, dass es die richtige Entscheidung war. „Ich war auch vorher nicht besonders voreingenommen behinderten Menschen gegenüber. Heute aber habe ich gar keine Berührungsängste mehr. Behinderte Menschen kann man nicht mit anderen Menschen vergleichen. Man muss ihre Einschränkung annehmen – und damit umgehen. Anica ist meine Tochter, ihre Besonderheit ändert nichts daran."

Während des Gesprächs erwähnt Andreas Weber häufiger Anicas Geburtsanzeige. Er sagt, es sei ein Weg in den Nebel gewesen, in eine unbekannte Zukunft. Aber er sagt auch, dass nur durch ein Voranschreiten auch Fortschritt erzielt werden kann. Das bezieht sich auf die Geburtsanzeige, die erst einige Zeit nach Anicas Geburt veröffentlicht wurde. Sie lautet so:

Am 17.12.1994 wurde unsere Tochter Anica geboren.
Nach Tagen der Orientierungslosigkeit
haben wir uns entschlossen, mit aller uns zu
Verfügung stehenden Kraft und Liebe den
Aufgaben von Erziehung und Förderung
eines Down-Kindes entgegenzutreten.

Wir wagen uns vor
in das Fremde und Ungewohnte
mit seinen Schmerzen und seiner Qual.

Wir wagen Schritte in den Nebel.
Wir wollen nicht stillstehen
nur weil wir Angst
vor dem Ungewissen haben.

Die größere Gefahr ist es,
zu warten bis alles klar ist
und nur ja keinen Fehler zu machen
und dann vor lauter Warten
nichts mehr zu riskieren
und im Stillstand nicht mehr zu wachsen.

Frankfurt am Main im Januar 1995

Quelle: Das Gedicht ist aus zwei verschiedenen Werken von Ulrich Schaffer aus dem Buch „Ich wage…" zusammengesetzt.

2012 konnten Andreas Weber und seine Frau zum ersten Mal wieder zu zweit in Urlaub fahren. Ohne die Kinder. Anica ist jetzt achtzehn Jahre alt. Alleine lassen kann man sie nicht.

Aber sie kann lesen, wenn sie will. Sie kann sich benehmen, wenn man es ihr sagt. Und sie ist ein Teil der Familie – das braucht man ihr nicht zu sagen. Das weiß sie auch so.

Herausforderungen im Umgang mit Menschen mit sonderpädagogischem Förderbedarf

Fachinterview mit Professor Dr. Ulrich Heimlich, Lehrstuhlinhaber für Lernbehindertenpädagogik an der Ludwig-Maximilians-Universität München

Menschen mit sonderpädagogischem Förderbedarf haben es nicht immer leicht in unserer Gesellschaft. In Deutschland muss noch viel getan werden, damit wir ein behindertenfreundliches Land werden. Andreas Webers Geschichte zeigt, wie die Inklusion von Menschen mit Behinderung möglich ist. Es ist ein bewundernswertes Beispiel mit Vorbildcharakter. Das sagt auch Professor Dr. Ulrich Heimlich, Lehrstuhlinhaber für Lernbehindertenpädagogik an der Ludwig-Maximilians Universität München. Wir haben mit ihm gesprochen.

Dass Familien mit der Entscheidung zu kämpfen haben, ein Kind mit einer Behinderung anzunehmen, passiert häufig. Nicht leicht ist die Entscheidung, ungewiss, was vor einem liegt. Dass Andreas Weber so offen über seine Gefühle spricht, ist hingegen sehr mutig. Und es ist enorm wichtig. Viele Familien, die ein Kind mit einer Behinderung erwarten, erleben diese Nachricht als Schock. Der Entscheidung, das Kind anzunehmen oder nicht, kann ein langer Prozess vorausgehen. Nicht selten entscheiden sich die Eltern dagegen, ein Kind mit einer Behinderung zu bekommen – das dürfen sie, die Entscheidung kann man ihnen nicht abnehmen. Es geht aber auch anders, Anicas Beispiel kann werdenden Eltern Mut und Hoffnung machen.

Menschen mit einer Behinderung werden in unserer Gesellschaft immer noch sehr stark an den Rand gedrängt, das

Sprechen darüber kommt einem Tabu gleich. Zu groß sind die Unterschiede, zu viel Angst und Ungewissheit begleiten das Thema. Manche Eltern befürchten, durch ein Kind mit sonderpädagogischem Förderbedarf selbst aus der Gesellschaft ausgeschlossen zu werden. Eine Sorge, die nicht ganz unbegründet ist. In der heutigen Gesellschaft sollte es doch möglich sein, durch medizinische Verfahren verhindern zu können, solche Kinder bekommen zu müssen, so lautet eine immer häufiger geäußerte Meinung. Trisomie 21 – ein Auslaufmodell? Mit dieser Einstellung der Gesellschaft müssen sich angehende Eltern auseinandersetzen.

Professor Heimlich hält diese Auffassung für falsch. Es ist kein medizinisches Problem, sondern eines unserer Gesellschaft. Er erzählt uns von Familien, die ihr Kind mit Trisomie 21 als Bereicherung empfinden. Gerade Kinder mit Down-Syndrom sind sozial sehr kompetent und einfühlsam, sehr spontan und emotional. Manchmal können auch wir etwas von diesen Menschen lernen.

Das große Problem in unserer Gesellschaft ist das Fehlen von Begegnungsmöglichkeiten mit Menschen mit Behinderung. Behinderungen erscheinen vielen als fremd und bedrohlich. Manche haben Angst, sich anzustecken. Solche Barrieren müssen abgebaut werden – das geht nur über Begegnungen. Nicht selten verändern diese Begegnungen alles: Die Vorurteile und die Ängste verschwinden. Daher muss die gesellschaftliche Teilhabe von Menschen mit Behinderung verbessert werden. Es existieren zu viele Vorurteile, die aus der sozialen Distanz heraus entstanden sind. Im Zuge der Inklusion sollen Menschen mit und ohne Behinderung näher zusammenrücken. Professor Heimlich hat die Hoffnung, dass sich die Einstellungen vieler Menschen dadurch verändern werden.

Eltern fühlen sich mit der Entscheidung, ein Kind mit einer Behinderung zu bekommen oder nicht, häufig allein gelassen. Aus diesem Umstand heraus sind viele Eigeninitiativen entstanden, die sich des Themas angenommen haben, Hilfestellung bieten und Informationen bereitstellen. Auch Andreas Weber ist bei einer solchen Initiative aktiv.

Letztlich stehen Eltern vor der Aufgabe, ihr Kind so anzunehmen, wie es ist. Kinder mit Trisomie 21 haben mehr Möglichkeiten, als gemeinhin angenommen wird. Gleichwohl gibt es Grenzen in der Entwicklung, die akzeptiert werden müssen. Das kann sehr schwer sein.

Diese Grenzen zeigen sich häufig dann, wenn erwachsene Menschen mit einer Behinderung in ihrem Verhalten Kinder bleiben. Dass das kein Freifahrtschein für schlechtes Benehmen ist, hat Andreas Weber deutlich gesagt. Die Bemühungen um eine ganzheitliche Erziehung, die auch vor gesellschaftlichen Normen des Miteinanders nicht Halt macht – wenngleich diese für solche Menschen ungleich schwerer zu erlernen sind –, bergen aber noch einen weiteren Aspekt. Wenn wir möchten, dass diese Menschen normal leben, dann müssen wir ihnen auch gestatten, die einzelnen Lebensphasen zu durchlaufen. Gesellschaftliche Regeln vermitteln Normalität. Das bedeutet: Auch Menschen mit Behinderung haben ein Recht, wie Erwachsene behandelt zu werden. Wer von Menschen mit sonderpädagogischem Förderbedarf normales Verhalten und Verantwortung für das eigene Leben erwartet, muss ihnen so begegnen, dass dieses Verhalten möglich wird. Wir können sie nicht wie Kinder behandeln und gleichzeitig ein erwachsenes Verhalten einfordern.

In Deutschland ist schon viel passiert. Viele Städte sorgen zunehmend für einen barrierefreien öffentlichen Raum, der Menschen mit Behinderung mehr selbstbestimmte Teilhabe erlaubt. Trotzdem müssen noch viele Schritte gemacht und neue Impulse gesetzt werden, um diese Entwicklung voranzutreiben, denn es sind durchaus auch behindertenfeindliche Tendenzen zu erkennen. Immobilieneigentümer klagen gegen den Bau einer Sonderschule im gleichen Stadtteil aus Angst, die Immobilienpreise könnten fallen. Hotelgäste fordern Schadensersatz, weil während ihres Aufenthalts auch eine Gruppe von Menschen mit Behinderung im selben Hotel Urlaub gemacht hat. Solche Beispiele passieren tatsächlich.

Die Grundtendenzen hingegen weisen in eine positivere Richtung. Wir sprechen viel über Chancengleichheit. Menschen mit Behinderung brauchen jedoch Chancengerechtigkeit. Sie brauchen mehr Unterstützung, mehr Hilfestellung. Die Gesellschaft sollte bereit sein, hierfür auch mehr Mittel zur Verfügung zu stellen. Wir alle können in eine Situation geraten, in der wir Unterstützung benötigen. Unsere Gesellschaft muss sich hieran messen lassen und ihr Wert zeigt sich nicht zuletzt darin, wie wir mit den Menschen umgehen, die auf unsere Hilfe angewiesen sind.

Adressen und Literaturhinweise zu Down-Syndrom

Das Buch Heimlich, Ulrich: *Gemeinsam von Anfang an: Inklusion für unsere Kinder mit und ohne Behinderung*, Reinhardt, 2012 bietet praxisnahe Tipps für Eltern von Kindern mit einer Behinderung im Sinne der Inklusion. Empfehlenswert ist das Buch auch für Eltern, die ihr Kind noch erwarten und sich über die Möglichkeiten des „inklusiven" Lebens vom Kleinkindalter bis zum Erwachsenen informieren möchten.

Außerdem empfehlenswert ist das Buch Zachmann, Doro & Zachmann, Jonas: *Ich mit ohne Mama: Knüller Jonas wird erwachsen*; SCM Hänssler. 2013. Erzählt wird die Geschichte und das Erwachsenwerden eines Kindes mit Trisomie 21 – Mut machend und herzlich zugleich.

Weitere Informationen zum Thema bietet das Deutsche Down-Syndrom Infocenter unter der Adresse www.ds-infocenter.de. Beispielsweise können über das Center Fortbildungen besucht werden, die sich nicht nur an Fachleute, sondern auch an Eltern richten.

Ebenfalls auf dieser Seite gibt es ein reiches Angebot diverser Informationsmaterialien zum Download, etwa mit weiteren Informationen zu Anlaufstellen, den ersten Schritten nach dem Erfahren von der Krankheit und medizinischen Aspekte.

Die Bundesvereinigung Lebenshilfe e.V. bietet unter www.lebenshilfe.de ebenfalls weiterführende Informationen und Hilfestellungen an.

Bernd Schiemann: Der Weg raus

Ausstieg aus Scientology

1972 war Bernd Schiemann Herstellungsleiter eines Verlags. In dieser Zeit lernte er zwei Personen kennen, die ihre Themen und Ideen in Buchform veröffentlichen wollten. Die Inhalte bezogen sich auf das, was die Gemeinschaft praktizierte, der sie angehörten. Bernd Schiemann leitete die Produktion und stimmte alles Weitere mit den beiden Autoren ab. Sie waren Scientologen.

„Ich habe die Bücher produziert und mich natürlich auch mit den Inhalten beschäftigt. Die haben mich interessiert", erzählt Bernd Schiemann. Einer der beiden Autoren vermittelte ihn nach Hamburg, wo er bei Scientology seinen ersten Kommunikationskurs absolvierte. „Das war toll, die Inhalte hoch interessant und mit vielen praktischen Übungen angereichert."

Bernd Schiemann zog viel Gewinn aus den Kursen, erzählt er, und erhielt eine „Auditing" genannte, persönliche tiefgehende Beratung. Die beim Auditing gewonnenen Erfahrungen erachtet er auch heute noch als wichtig. Das Auditing ist eine Technik, die helfen soll, Menschen von negativen Erfahrungen und psychischer Last zu befreien. Bernd Schiemann hat eine solche Last nicht empfunden. „Ich war kein trauriger Typ mit hängenden Schultern. Es ging mir in erster Linie darum, die ganz normalen Barrieren, die sich im täglichen Leben hin und wieder aufbauen, zu beseitigen."

In einem Zweiergespräch hilft einem der Auditor, die Gründe für die Barrieren zu finden. Ziel dieser Sitzungen ist es, einen höheren, geistig befreiten Zustand zu erreichen und die Barrieren abzubauen. In dem Maße, in dem traumatische Geschehnisse aus der Vergangenheit aufgearbeitet werden und Bewusstsein darüber entsteht, erweitern sich die Fähigkeiten und Möglichkeiten des Individuums.

Erst dann, wenn alle Geschehnisse aus der Vergangenheit aufbereitet sind, befreit sich der Geist und man steigt auf zu einem höheren Selbst, so die These von Lafayette Ronald Hubbard, Gründer der Scientology-Bewegung. Es ist ein langer Weg. Ein ausdifferenziertes Kurssystem, in dem verschiedene Stadien durchlaufen werden, soll schließlich dorthin führen. Scientologen nennen diesen Weg die Brücke. Der neue geistige Zustand, den es zu erreichen galt, interessierte Bernd Schiemann wenig. Er nutzte die Erkenntnisse, um sie in seinen Alltag einzugliedern.

Weil die Fahrt nach Hamburg von seinem Wohnort aus relativ zeitaufwendig war, wechselte er bald nach Frankfurt, wo es eine Niederlassung von Scientology gab, und belegte verschiedene Kurse. „Die Kurse habe ich als sehr gewinnbringend empfunden. Aber es war schon harte Arbeit damit verbunden. Es war ein Ringen um Erkenntnisse. Mir ging es darum, immer wieder den Bezug zum täglichen Leben zu schlagen – übrigens eine immer wiederkehrende Aufforderung von Hubbard selbst, keine seiner Thesen einfach zu glauben, sondern sie zu prüfen, ob sie für einen selbst richtig sind. Was kann ich von dem, was hier als Thesen angeboten wird, in meinen Alltag einbauen? Ich habe eine Menge gelernt", erinnert er sich. Bernd Schiemann prüfte die Erkenntnisse stets auf Plausibilität und praktische Anwendbarkeit.

Die Kurse bestanden aus Auditing-Sitzungen, die er mal leitete, mal selbst in Anspruch nahm. Man auditierte und wurde selbst auditiert. Co-Auditing nennt sich das. Bis dahin waren die Kurse auch nicht besonders teuer, da lediglich der ursprüngliche Kurs bezahlt werden musst. Das Co-Auditing war eine gemeinschaftliche Sache, die nicht bezahlt, aber auch nicht in Rechnung gestellt wurde. Die Kurse dauerten stets so lange, wie individuell erforderlich war. Es gab keinen Frontalunterricht, sondern Einzelstudium und abschließend überprüfte man sich gegenseitig. Eben wegen des gegenseitigen Auditings enthielten die Seminare einen hohen Praxisanteil.

Schon damals wurden Scientology und die Dianetik in der Öffentlichkeit kritisch diskutiert. Auch Bernd Schiemanns Freunde und Familie übten Kritik. „Man hat es als Sekte hingestellt, als etwas Übles. Aber das war mir egal, ich habe dort meine Erfahrungen gemacht und gesagt, die Kritiker spinnen alle. Erstens fand ich plausibel, was dort von dem Gründer Ron Hubbard geschrieben stand, und zweitens auch alles anwendbar. Jeder Teil seiner Lehre kam auf meinen persönlichen Prüfstand, ob es sich in der Wirklichkeit als sinnvoll erweist." Das tat es.

Etwa zehn Jahre später veränderte sich etwas in der Gruppe. Manche der hochrangigen Akteure wurden ausgetauscht, die Preise stiegen monatlich um fünf Prozent und alle, die Kurse und Sitzungen besuchten, wurden dazu gedrängt, sich in verschiedene Angebote einzukaufen, um auf der Wachstumsbrücke weiterzukommen. „Ich mochte diese Veränderung überhaupt nicht. Die allgemeine Stimmung wurde auf einmal sehr merkwürdig."

Bernd Schiemann bemerkte diese Veränderungen zwar, reagierte aber zunächst nicht darauf. Er besuchte weiterhin seine Kurse, meist abends oder am Wochenende. „Wer einer Gruppe seit zehn Jahren angehört, entwickelt mit der Zeit eine gewisse Loyalität. Außerdem gab es ja Hubbards vorgegebenes

Denkmodell. Ich dachte, dass die sich da gar nicht so weit von entfernen würden." Bernd Schiemann irrte.

Bis dahin hatte er Auditing und weitere Kurse im Wert von rund 20.000 DM gebucht und bezahlt. Doch bald wurde es ihm zu viel. Die räuberische neue Politik der Gruppe, die Mittel, mit denen unliebsame Personen vertrieben wurden, gefiel ihm nicht. Mehr noch, er verabscheute diese Politik, sie machte ihn geradezu wütend.

Die Leute, die in Deutschland diese Veränderungen vorantrieben und ausnahmslos aus den USA kamen, nannten sich finance police. Die Franchise-Unternehmen von Scientology wurden finanziell ausgesaugt und strukturell vernichtet. Die Vorsitzenden dieser Unternehmen fielen der Gruppierung zum Opfer und wurden aus dem Amt gejagt.

Bernd Schiemann flog nach Clearwater in Florida, wo sich der zweite Hauptsitz von Scientology befindet. „Mit den neuen Machenschaften konnte ich mich nicht mehr identifizieren. Also fuhr ich nach Clearwater, um die zuständigen Personen über diese Entwicklung zu informieren. Ich bin da sehr blauäugig reingegangen, in dem Sinne, dass ich mich als Kurier aus Deutschland gefühlt habe." Er fragte, ob sie denn überhaupt wüssten, was in Deutschland vor sich ginge, und verglich die Vorgänge mit den Lehren von Hubbard. „Ich habe klipp und klar gesagt, dass es nicht in Ordnung ist, was sie da machen. Es hatte nichts mit den Regeln und Lehren Hubbards zu tun. Gar nichts."

Er wurde abgewiesen, beschwichtigt. Tagelang hat man mit ihm diskutiert. Bei den Scientologen gibt es einen stehenden Ausspruch: Wer etwas behauptet, muss es beweisen. Muss zeigen, wo es in den Schriften bei Ron Hubbard steht. Bernd

Schiemann konnte alles belegen. „Die konnten mir nicht sinnvoll darlegen, warum sie in Deutschland machten, was sie machten. Und nicht eine Grundlage konnten sie vorweisen. Ich schlug sie mit ihren eigenen Waffen."

Als man ihn schließlich als eine unterdrückerische Person bezeichnete, wurde es ihm zu viel. Als unterdrückerische Personen bezeichnet Scientology Menschen, die der Entwicklung und dem Wohl der Gesellschaft zu schaden versuchen. „Ich wollte jetzt raus. Und ich wollte mein Geld zurück. Wenn sie so weitermachten, war ich keiner von denen. Es reichte mir!"

Zunächst weigerte man sich, ihm das Geld für die zwar schon gebuchten, aber noch nicht wahrgenommenen Kurse zu erstatten. Bernd Schiemann blieb jedoch hartnäckig, trotz der Widerstände, bis seinem Drängen schließlich nachgegeben wurde. Er kehrte nach Deutschland zurück, drei Wochen später ging das Geld auf seinem Konto ein.

Zuerst war es schwierig, sich von der Gruppe zu lösen. Er hatte ja viele Erkenntnisse und positive Erfahrungen gesammelt und wollte eigentlich auch weiterhin die Seminare und Auditings wahrnehmen. Doch der Weg war plötzlich versperrt. „Ich musste mich entscheiden. Und das habe ich dann auch getan. Ich war sehr entschlossen und bin auch so aufgetreten. Die Thematik beschäftigte mich auch weiterhin. Ich war nicht der einzige, der ging. Einige Anhänger in Deutschland kehrten aus den gleichen Gründen Scientology den Rücken." Sie fanden zusammen und machten weiter.

Zwei Freunde, die Bernd Schiemann während seiner Kursbesuche bei Scientology kennengelernt hatte, brachen den Kontakt zu ihm ab. Als er sich von der Bewegung abwendete, wollte man dort nichts mehr mit ihm zu tun haben. Den

Druck, sich abzuschotten, hatte er auch damals schon gespürt; mit Scientologygegnern sollte man möglichst keinen Kontakt haben. „Das war so eine Haltung, die mich immer sehr geärgert hat. Die Nicht-Scientologen wurden beschimpft und belächelt. Was soll das? Ich finde diese faschistoide Haltung geradezu fürchterlich."

Die Angst vor Scientology ist nach wie vor groß, besonders vor der psychologischen Beeinflussung. Bernd Schiemann findet das übertrieben. „Die Gesellschaft hier ist hysterisch in Bezug auf Scientology. Sie fürchten die Sekte wie der Teufel das Weihwasser. Die Berichterstattung darüber, auch zum Teil in Spielfilmen thematisiert, ist total hanebüchen."

Er sieht keine Veranlassung, sich für etwas zu rechtfertigen, das über 30 Jahre zurückliegt, posaunt seine Vergangenheit mit Scientology aber auch nicht heraus. Denn dann kann er mit niemandem mehr normal reden. „Da macht es Klick bei den Leuten und sie schalten in einen Freund-Feind-Modus."

In all der Zeit, die seit seiner Abkehr von Scientology vergangen ist, wurde er nur einmal kontaktiert, und das war vor einigen Jahren. Er hatte kein Interesse mehr, erneut Kurse zu belegen, zumal seine persönliche Entwicklung in den letzten 30 Jahren ständig weiterging und sich für ihn die Frage stellte, wer hier von wem etwas lernen kann – sie akzeptierten es. Der Frau am Telefon hat er diese Geschichte erzählt. Sie kam nicht umhin, einzuräumen, dass die Aktion finance police in den frühen 1980er-Jahren ein großer Fehler gewesen war.

Scientology und Sektenausstieg

Fachinterview mit Stefan Barthel von der Leitstelle für Sektenfragen in Berlin

Der Ausstieg aus einer Sekte wie beispielsweise Scientology fällt vielen schwer, die Hürden erscheinen Betroffenen oft unüberwindbar. Wie kann man es schaffen? Wir sprechen mit Stefan Barthel von der Leitstelle für Sektenfragen in Berlin.

Die Geradlinigkeit, mit der Bernd Schiemann seinen Ausstieg angegangen ist, ist ungewöhnlich. Denn wer erst einmal „gefangen" ist, hat häufig große Probleme, sich zu befreien. Die Ursachen dafür liegen im System Scientology begründet, erzählt Stefan Barthel.

Zunächst lockt die Sekte mit günstigen Kursen. Kommunikationskurse, Seminare, die einem helfen, im Beruf erfolgreicher zu werden oder eine harmonischere Beziehung zu führen. Die Kurse kosten teilweise etwa nur 30 Euro, das schreckt niemanden ab. Die Teilnehmer werden dann mit einer Herzlichkeit empfangen, die bei vielen auf fruchtbaren Boden fällt. Auch das vermittelte Wissen empfinden die meisten als hilfreich und plausibel, auch Bernd Schiemann ist nach wie vor davon überzeugt. Manche erzählen, es sei das erste Mal gewesen, dass sich jemand so intensiv für sie interessiert hat. Gerne werden die Erkenntnisse mit Geheimniskrämerei verbunden, die Lehren erscheinen als etwas Besonderes, als Antworten auf Fragen, die zu ergründen man schon immer versucht hat. Spirituelle Verliebtheit nennen Experten dieses Phänomen. Scientology weiß geschickt damit umzugehen. Anschließend erfolgt die Ernüchterung.

Die Kosten für die Kurse steigen stetig, sie wachsen geradezu exponentiell. Auch der Zeitaufwand nimmt zu. Einige schaffen es dann, Nein zu sagen – einige aber auch nicht. Bernd Schiemann stand an diesem Punkt – und entschied sich, zu intervenieren. Er fuhr nach Clearwater und beschwerte sich. Das kostet viel Mut und ebenso viel Kraft. Es ist vergleichbar mit einem Meeting, erzählt Stefan Barthel: Wenn alle den Chef beklatschen, wer traut sich dann schon, aufzustehen und eine Gegenmeinung zu äußern? Dennoch, der Ausstieg ist möglich.

Nicht aussteigen zu können, das ist auch gar nicht das Gefährliche an der Sekte. Das Gefährliche ist ihr Anspruch, die Gesellschaft verändern zu wollen. Das Gefährliche ist das, was sie mit den Menschen macht, die sie sich einverleibt. Aktuell wird in den USA eine Diskussion um die Sekte geführt, weil ehemals hochrangige Mitglieder erzählen, was passiert. Sie erzählen von Straflagern, von Kinderarbeit, von fehlender Privatsphäre.

Wer aussteigen will, sieht sich weniger mit praktischen, sondern eher mit psychischen Problemen konfrontiert. Nach einigen Jahren Scientology befinden sich viele in einer finanziell desaströsen Situation, das gesamte Umfeld besteht hauptsächlich aus Mitgliedern der Sekte. Viele arbeiten mittlerweile für einen Hungerlohn bei der Sekte, um die stetig steigenden Kursgebühren aufbringen zu können – Mitarbeitern werden die Kurse vergünstigt angeboten. Häufig wurde die Familie dem Engagement bei Scientology geopfert.

Die Mitglieder spüren dann eine Zerrissenheit. Sie beginnen zu bemerken, dass ihnen die Sekte nicht gut tut, sie wissen, dass sie aussteigen sollten, aber sie müssen die vielen Jahre oder die hohen Geldbeträge, die bereits investiert wurden, rechtfertigen – nicht nur vor der Familie, nicht nur vor dem Rest der

Welt, sondern vor allem vor sich selbst. Die Scham darüber, einen Fehler begangen zu haben, wird gerne beiseite geschoben. Experten nennen das kognitive Dissonanz. Die Diskrepanz zwischen der eigenen Wahrnehmung und dem, was er bereits investiert hat, pflegt der Mensch zu glätten, indem er den Widerspruch ignoriert oder auszugleichen versucht.

Manche Aussteiger schließen sich einer neuen Gruppierung an, den unabhängigen Scientologen. Sie verteufeln das auf Macht, Geld und Kontrolle ausgerichtete System der Sekte, praktizieren aber nach wie vor die Auditing-Sitzungen und nutzen viele der von Hubbard aufgestellten Thesen und Praktiken. Es ist ein warmer Ausstieg und hilft, der kognitiven Dissonanz entgegenzuwirken. Es hilft, nicht all das in Frage stellen zu müssen, was man seit dem Beitritt zur Sekte erfahren und angewendet hat.

Wie kann man denjenigen helfen, die in der Sekte „gefangen" sind? Die effektivste Methode ist Aufklärungsarbeit. Um die investierte Zeit und das bezahlte Geld nicht in Frage zu stellen, meiden viele Mitglieder bewusst scientologykritische Texte. Nicht ich bin schuld, nicht meine Wahrnehmung ist falsch, sondern das System Scientology enthält Fehler. Diese Erkenntnis ist ein wichtiger erster Schritt und für viele eine große Erleichterung. Die Beratungsstellen für Sektenfragen vermitteln diese Informationen, sie helfen aber auch, zurück in das Leben ohne die Sekte oder zurück in die Arbeitswelt zu finden. Weil Scientologen oft steile Karrieren versprochen wird, für die sie keine spezielle Ausbildung benötigen, stehen einige ohne Schulabschluss dar.

Auch Angehörige können viel tun, sie können die Verbindung zu den Mitgliedern der Sekte halten und einen Weg nach draußen öffnen. Weil das Schamgefühl, die Angst, den Beitritt zur Sekte als Fehler anzusehen und zuzugeben, so groß ist, muss diese Angst genommen werden. Indem sie den aktiven und ehemaligen Scientologen eine offene Tür anbieten, einen Platz in ihrer Mitte und die Sicherheit, sich nicht rechtfertigen zu müssen, schlagen sie eine Brücke zwischen den Welten.

Vor allem für Interessierte ist zu empfehlen: Wright, Lawrence: *Im Gefängnis des Glaubens: Scientology, Hollywood und die Innenansicht einer modernen Kirche*; Deutsche Verlags-Anstalt. 2013. Das Buch klärt über Entstehung, Hintergründe und Praktiken der Sekte auf. Für Betroffene kann dieses Buch ein Augenöffner sein, gerade für diejenigen, die Ausstiegsgedanken hegen.

Zu empfehlen ist auch das Buch Hill, Jenna & Pulitzer, Lisa: *Mein geheimes Leben bei Scientology und meine dramatische Flucht*; btb Verlag. 2013. Trotz des reißerischen Titels ist das Buch streckenweise langatmig, beschreibt dafür aber sehr detailliert den Ausstieg aus Scientology und legt zahlreiche Praktiken und Überzeugungen der Sekte offen. Lesenswert nicht nur für Interessierte, sondern auch für Betroffene, die sich über die Machenschaften der Sekte auch über die Grenzen Deutschlands hinweg informieren möchten.

Die einzelnen Länder bieten zumeist Sektenberatungsstellen an, an die sich nicht nur Betroffene, sondern auch Angehörige wenden können. Darüber hinaus gibt es einige Angebote der christlichen Kirchen, die ebenfalls Hilfe bei Sektenfragen anbieten.

Telefonische Hilfe und Antworten per E-Mail, aber auch Beratungssitzungen können beispielsweise auch über die Gesellschaft gegen Sekten- und Kultgefahren in Anspruch genommen werden – anonym und kostenlos. Weitere Informationen dazu finden Sie unter www.sektenberatung.at.

Christa Maar: Nach der Trauer die Kraft

Aufbau der größten dt. Stiftung für Darmkrebs nach Verlust des Sohnes

Das eigene Kind zu verlieren zählt zu den schwersten Schicksalsschlägen, die ein Mensch überhaupt erleiden kann. Viele Eltern sind nach einer solchen Erfahrung zerbrochen oder nie wirklich mit der Situation zurechtgekommen. Wir haben Christa Maar für einen Beitrag in diesem Buch ausgewählt, weil sie durch den Tod ihres Sohnes eine Aufgabe übernommen hat, die inzwischen unzähligen anderen zu leben ermöglicht. Zu behaupten, dass der Tod des Sohnes somit einen Sinn gehabt habe, wäre unpassend und entspräche nicht Christa Maars Empfinden. Sie hat einen ganz persönlichen und beispielhaften Weg gefunden, durch ihr Handeln und Wirken dieses traurige Ereignis in eine sinnvolle Aufgabe umzuleiten.

Kurz nachdem Christa Maar 1967 Hubert Burda heiratete, von dem sie mittlerweile geschieden ist, brachte sie den gemeinsamen Sohn Felix zur Welt. Als Felix Burda an Darmkrebs erkrankte, hätte niemand ihn oder seine Familie mit dem Thema Krebs in Verbindung gebracht. Heute ist das nicht mehr so.

„Die Krankheit überfiel meinen Sohn und damit die ganze Familie quasi über Nacht", sagt Christa Maar. „Er hatte eine Zeit lang diffuse Bauchschmerzen, nicht sonderlich stark, bevor er dann irgendwann zum Arzt ging." Nach einigen Untersuchungen wurde deutlich: Er war todkrank. Der Darmkrebs wurde erst in einem weit fortgeschrittenen Stadium entdeckt.

Dass er sich in einer aussichtslosen Situation befand, wusste damals niemand.

„Selbst heute, 13 Jahre nach seinem Tod, wäre die Situation immer noch ähnlich aussichtslos. Ich blicke auf zwölf Jahre Erfahrung zurück, und es ist erschreckend zu sehen, wie wenig sich für die Behandlung von Menschen mit Darmkrebs im fortgeschrittenen Stadium geändert hat. Die Medikamente, die inzwischen dazugekommen sind, bieten nur wenige Monate mehr Lebenszeit. Und das bei meist schlechter Lebensqualität", erzählt Christa Maar. Davon abgesehen hat sich aber doch viel verändert, denn das Thema Darmkrebs ist längst kein Tabuthema mehr. Die Zahl der Neuerkrankungen sinkt kontinuierlich. Der Grund dafür sind auch die Anstrengungen von Christa Maar. Und das ist ihre Geschichte.

„Niemand hat uns gesagt – und wenn, hätten wir es nicht geglaubt –, dass Felix so gut wie keine Chance auf Heilung hatte. Man glaubt eher, dass ein älterer Mensch die Krankheit vielleicht nicht überleben wird, aber Felix war erst 31. Er wusste, dass er sehr krank war, aber er wollte kämpfen, und er wollte die Krankheit unbedingt besiegen." Angesichts der Gefährlichkeit der Krankheit war den Eltern von Anfang an klar, dass sie ungewöhnliche Wege gehen mussten, um ihrem Sohn zu helfen. Vorbild war eine Stiftung in den USA, die ein Finanzmanager gegründet hatte, der an Prostatakrebs erkrankt war. Diese Stiftung sammelt jährlich 100 Millionen Euro an privaten Spenden und stellt dieses Geld der Forschung zur Verfügung. Ziel ist es, die Forschungsinstitute, die an Therapien für Prostatakrebs forschen, miteinander zu vernetzen, sodass Forschungsergebnisse Patienten schneller zugute kommen.

Hubert Burda und Christa Maar versuchten ähnliche Strukturen für die Erforschung und Therapie von Darmkrebs zu etablieren. „Es ging uns darum, zu sehen, wo es anwendungsnahe neue Therapieansätze gibt, die aufzugreifen und zu fördern sich lohnt. Das war unser erster Ansatz, als wir beschlossen, eine eigene Stiftung zu gründen."

Diese Praxis der Vernetzung wurde über zwei Jahre hinweg kontinuierlich ausgebaut. Regelmäßig wurde einem interdisziplinären Expertenteam der neuste Stand der Krankheit ihres Sohnes vorgestellt. Letztlich hat alles Wissen über neue Therapieansätze und wegweisende klinische Studien, die bei diesen Treffen diskutiert wurden, Felix nicht helfen können. Hubert Burda und Christa Maar mussten irgendwann einsehen, dass sie die Forschung auf diese Weise nicht beschleunigen konnten, jedenfalls nicht in der kurzen Zeit, die zur Verfügung stand. Neue Therapien brauchen 15 bis 20 Jahre, bis sie beim Patienten ankommen. So viel Zeit hat der einzelne Patient nicht.

Als Felix Burda starb, hinterließ er seiner Mutter eine Mammutaufgabe, die sie bis heute trägt. Sein Wunsch war es, dass die Stiftung, die zu diesem Zeitpunkt noch den Namen seines Vaters trug, nach ihm benannt werden und dazu beitragen sollte, dass Menschen nicht an Darmkrebs erkrankten und ihnen sein Schicksal erspart bliebe. Darmkrebs ist die einzige Krebsart, die durch Vorsorge verhindert werden kann. Die bösartigen Tumore entstehen aus Polypen, die sehr lange gutartig sind, bevor sie irgendwann zu Krebs entarten. Bei einer Vorsorgedarmspiegelung werden die Polypen entfernt, sodass der Krebs erst gar nicht entstehen kann.

Diese Erkenntnis führte nach Felix' Tod zu einer Neuausrichtung der Stiftung. Statt Forschung für neue Therapien zu unterstützen, stellte die Stiftung die Aufklärung der Bevölkerung über Darmkrebsvorsorge ins Zentrum ihrer Arbeit.

Auf die Frage, ob Christa Maar zögerte, sich dieser Aufgabe anzunehmen, antwortet sie bestimmt: „Mein Sohn hat mir einen Auftrag erteilt. Ich wusste, ich muss das machen. Und ich wollte es machen."

Sie setzte sich für die Stiftung ein und widmete sich fortan ausschließlich dem Thema Darmkrebsvorsorge. „Die Aufgaben sind im Laufe der Jahre natürlich nicht weniger, sondern immer mehr geworden." Das Thema musste „gesellschaftsfähig" gemacht werden. Die Stiftung startete große Kampagnen, um die Menschen für die Teilnahme an Vorsorge zu sensibilisieren. Die Kampagnen folgten von Beginn an der Idee, die Darmkrebsvorsorge positiv zu besetzen. Die ersten Anzeigenmotive vermittelten ein Bild von glücklichen Menschen, die sich gesund und fit fühlen: Ein Golfer bückt sich nach einem Golfball, daneben ein Satz: „So groß ist der unentdeckte Tumor in seinem Darm." Das zweite Motiv zeigt eine Frau, die sich einen Perlenohrring ansteckt, daneben der gleiche Satz. Dieses Bild hat der Filmregisseur Wim Wenders zu einem eindrücklichen Fernsehspot verarbeitet. „Bei vielen Menschen führte die Kampagne und insbesondere der Fernsehspot dazu, dass sie sich erstmals mit dem Thema auseinandersetzten und viele sich dann auch zur Untersuchung anmeldeten", erzählt Christa Maar.

Was sich die Stiftung vornahm, war dennoch alles andere als einfach zu erreichen. „Darmkrebs war ein Thema, das gab es eigentlich überhaupt nicht. Es war dermaßen tabuisiert, dass selbst in betroffenen Familien nicht darüber gesprochen wurde. Wenn jemand an Darmkrebs stirbt, dann stirbt er nicht am Tumor im Darm, weil der in aller Regel längst herausoperiert wurde, sondern er stirbt an den Metastasen des Tumors in der Leber. Die Leute fanden es offenbar weniger peinlich zu sagen, der Angehörige ist an Leberkrebs gestorben, als zu sagen, dass es ein Darmtumor war. Das hat sich inzwischen geändert. Wir haben erreicht, dass man heute offen über die Darmkrebserkrankung eines Angehörigen oder Freundes sprechen kann und dass Gespräche über Darmkrebsvorsorge vollkommen selbstverständlich geworden sind."

Ans Aufgeben hat Christa Maar in all der Zeit nie gedacht. „Es ist manchmal wirklich mühsam. Es kommen Widerstände von einer Seite, von der man es nicht erwartet hat. Das gilt besonders für alles, was in den gesundheitspolitischen Bereich hineinreicht. Aber man ist ja lernfähig und kann sich auch Geduld antrainieren, die man in diesem Geschäft dringend braucht. Am Anfang konnten wir nicht einmal sicher sein, ob wir überhaupt Erfolg haben würden mit unserer Strategie, und ob wir auf die Unterstützung der Medien zählen könnten. Eine Stiftung kann sich nicht leisten, große Summen in Kampagnen zu investieren und die Schaltung von Anzeigen und Fernsehspots zu finanzieren. Das muss alles pro bono laufen, das heißt, man ist auf den ‚good will' der Medienhäuser und Fernsehanstalten angewiesen."

Also schloss sie Partnerschaften mit Fernsehsendern und Verlagen. Ein nationaler Darmkrebsmonat, ein Aktionsmonat im März, an dem sich von Anfang an zahlreiche Medien, Kliniken, Ärzte und Unternehmen beteiligten, wurde eingeführt. Es war, als hätten alle nur darauf gewartet, dass sich endlich jemand dieses Vorsorgethemas annahm. Weil alle zusammenarbeiteten und an einem Strang zogen, funktionierte es. Eine besonders schwierige Zielgruppe waren von Anfang an Männer, für die man sich zusätzliche Aktionen ausdenken musste. „Sie halten sich für unverwundbar und sehen nicht ein, warum sie zu einer Darmuntersuchung gehen sollen, wenn ihnen doch gar nichts fehlt und sie keine Schmerzen haben", sagt Christa Maar.

Hinzu kam, dass die Vorsorgedarmspiegelung, obschon sie den Krebs, der auch heute noch jedes Jahr 26.000 Menschen das Leben kostet, verhindern kann, keine Kassenleistung war. „Wir haben ein Gesundheitssystem, bei dem die Menschen gewohnt sind, dass alle notwendigen Untersuchungen bezahlt werden. Wenn die Krankenkasse eine Untersuchung nicht bezahlt, halten die Leute sie für nicht wirklich wichtig. Insofern war es für unsere Arbeit ganz entscheidend, dass die Vorsorgedarmspiegelung eine Kassenleistung wird", sagt Christa Maar. Das umfangreiche Medienecho auf den ersten Darmkrebsmonat, an dem sich viele Institutionen in ganz Deutschland beteiligt hatten, lieferte einen entscheidenden Anstoß. Der Gemeinsame Bundesausschuss der Ärzte und Krankenkassen, der die Leistungen der Kassen festlegt, beschloss im Jahr 2002 die Einführung der Vorsorgedarmspiegelung als Kassenleistung. So etwas sind wichtige Motivationsfaktoren für Christa Maar.

„Meine Hauptmotivation ist der Auftrag meines Sohnes. Aber natürlich kommen weitere hinzu. Wenn ich mir zum Beispiel anschaue, was wir bereits erreichen konnten, dann sehe ich, dass wir tatsächlich so etwas wie einen Bewusstseinswandel in Gang gesetzt haben." Durch die Vorsorgedarmspiegelung, an der inzwischen mehr als fünf Millionen Menschen teilgenommen haben, wurden zwischen 2002 und 2010 mehr als 100.000 Neuerkrankungen verhindert. Weitere 50.000 Menschen erhielten die Chance auf eine dauerhafte Heilung, weil ihr Darmtumor entdeckt wurde, als er noch nicht gestreut hatte. Die Heilungschancen liegen dann bei nahezu 100 Prozent.

Ein Thema liegt Christa Maar besonders am Herzen, denn es ist eng mit ihrer eigenen Geschichte verknüpft. Erkrankt ein Mensch in einem so frühen Alter an Darmkrebs wie ihr Sohn, kann davon ausgegangen werden, dass in der Familie eine genetische Veranlagung für diesen Tumor vorliegt. Man weiß inzwischen durch zahlreiche Studien, dass Menschen mit einer familiären Belastung für Darmkrebs häufiger und in einem wesentlich jüngeren Alter erkranken. Daher ist es wichtig, diese Menschen frühzeitig darüber aufzuklären, dass sie sehr viel früher als andere zur Vorsorge gehen müssen. Wie wichtig dies in solchen Fällen tatsächlich ist, zeigt das Beispiel von Felix Burda mit erschreckender Deutlichkeit. „Heute wissen wir, dass es in unserer Familie ein erhöhtes Risiko für Darmkrebs gibt. Damals wussten wir das nicht. Kein Arzt hatte je eine Familienanamnese erstellt, durch die man dies sofort hätte erkennen können. Und niemand hatte uns jemals auf die Möglichkeit einer genetischen Belastung aufmerksam gemacht. Wenn Felix, wie das von den Experten in solchen Fällen empfohlen wird, mit 25 Jahren begonnen hätte, regelmäßig zur Darmspiegelung zu gehen, wäre er nicht an Krebs erkrankt und würde heute noch leben. Ein einziger Fall von Darmkrebs in der Familie reicht aus, dass alle direkten Verwandten ein erhöhtes Risiko tragen und früher vorsorgen müssen."

Seit kurzem ist nun ein Gesetz in Kraft, das Menschen mit Darmkrebserkrankungen in der Familie endlich ermöglichen soll, gesetzlichen Anspruch auf frühere Vorsorgeuntersuchungen zu erhalten. Auch in diesem Fall hat der Dauereinsatz der Stiftung für dieses Thema Wirkung gezeigt.

Christa Maar gilt vielen als Vorbild, sie hat ihr Leben einer großen Aufgabe gewidmet. Dennoch wird zuweilen der Vorwurf laut, sie hätte der Stiftung nur deshalb zu ihrem großen Erfolg verhelfen können, weil sie durch den engen Kontakt zum Burda-Verlag von einer vergleichsweise guten Ausgangsposition habe agieren können. Doch sie lässt diesen Vorwurf nicht gelten. „Wenn man einmal erkannt hat, dass Darmkrebsvorsorge kein medizinisches Problem ist, sondern eines der mangelnden Kommunikation, dann liegt es nahe, dass man das tut, was man als Medienhaus am besten kann: Kommunikation herstellen. Das ist das, was wir von Anfang an getan haben, und dafür haben wir alle Medien eingesetzt, die erreichbar waren. Man muss es, glaube ich, eher umgekehrt sagen: Was für ein großes Glück, dass die Stiftung zu einem Unternehmen gehört, dessen Geschäft die Kommunikation ist."

Christa Maar hadert nicht mit dem Schicksal. Auf die Frage, ob sie der Gedanke beschäftigt, dass ihr Sohn hätte gerettet werden können, wenn das Thema Darmkrebsvorsorge früher adressiert worden wäre, antwortet sie nur: „Es war aber nicht so. Es macht also keinen Sinn, darüber nachzudenken." Lieber will sie nach vorne blicken und das Beste aus der Situation machen. Ihr Sohn hat ihr diese Aufgabe hinterlassen und bislang ist sie nicht müde geworden, sich ihr zu widmen.

Trauerarbeit und Trauerbewältigung

Fachinterview mit Thomas Multhaup, Dipl.-Theologe und Trauerberater

Die Trauer ist ein vielschichtiges Phänomen – weit vielschichtiger, als wir gemeinhin annehmen. Christa Maars Geschichte macht deutlich, dass Trauer keineswegs etwas ausschließlich Negatives sein muss, sondern zum Positiven gewendet werden kann. Doch was ist Trauer genau? Wir sprechen mit dem Autor und Trauerberater Thomas Multhaup.

Die Trauer ist in Bezug auf den Tod zwar am besten erforscht, tatsächlich aber ein vielfältigeres Phänomen. Wir trauern nicht nur, wenn wir einen geliebten Menschen verlieren – sondern auch in anderen, viel alltäglicheren Dingen, beispielsweise beim Verlust des Arbeitsplatzes oder beim Ende einer Beziehung. Trauer empfinden alle Menschen, unabhängig von ihrer Kultur oder Religion. Christliche Trauer beispielsweise zeichnet sich unter anderem dadurch aus, dass der Tod eines Menschen durch die Hoffnung gemildert wird, diesen Menschen im Jenseits wiederzusehen. Genau genommen ist diese Vorstellung aber schon Teil der Trauerbewältigung, zwei Themenkomplexe, die voneinander abzugrenzen sind. Trauer selbst ist zunächst nur ein Gefühl: Der Verlust von jemandem oder etwas macht uns traurig, wir weinen, ziehen uns zurück, sind nicht mehr lebensfroh. Die Beschäftigung mit dem Verlust ist Trauerbewältigung, der Versuch, dem Gefühl Herr zu werden.

Wir können die Trauer nicht einfach ausschalten. Häufig wird aber genau das versucht. Es gilt, möglichst schnell in den gewohnten Alltag zurückzukehren. Thomas Multhaup verdeutlicht dies anhand eines Bildes: Er vergleicht die Trauer mit einer tiefen Wunde. Wunden heilen für gewöhnlich nicht von heute auf morgen – es braucht Zeit, bis der Schmerz bewältigt ist. Je größer die Trauer und der Schmerz, desto stärker war die Bindung zu dem, das wir verloren haben. Noch eindrücklicher wird das Bild, wenn die Trauer mit einer Amputation verglichen wird: Niemand kann erwarten, dass dieser Mensch nach wenigen Tagen wieder voll einsatzfähig ist. Trauerbewältigung benötigt Zeit. Gleichwohl ist es enorm wichtig, den Schmerz zu verarbeiten. Zu häufig wird er weggeschoben und zu ignorieren versucht.

Christa Maar hat aus ihrer Trauer sehr viel Kraft gezogen. Sie hat den Schmerz genutzt und in etwas Kostbares umgewandelt. Das zu tun setzt allerdings voraus, sich mit der Trauer auseinanderzusetzen. Trauerarbeit und Trauerbewältigung sind keine monologischen, sondern dialogische Phänomene. Erfolgreich Trauer bewältigen kann nur der, wer dazu bereit ist. Deshalb muss der Trauerbewältigung Platz und Zeit eingeräumt werden, einerseits von den Trauernden selbst, um den Schmerz zu verarbeiten, andererseits von ihrem sozialen Umfeld, das die Trauernden als Trauernde akzeptiert. Insgesamt wäre eine höhere gesellschaftliche Akzeptanz von Trauer und ihrer Bewältigung sehr wünschenswert.

Bis ins späte 20. Jahrhundert hinein versuchte man, ausgehend von den Theorien Sigmund Freuds, die Trauerbewältigung in verschiedene Phasen einzuteilen, um das Phänomen der Trauer vergleichbar und besser untersuchbar zu machen. Aus diesem Ansatz heraus sind auch Lehrbücher entstanden, die dazu beitragen sollen, mit der Trauer bewusster umzugehen. In den vergangenen Jahren ist die Wissenschaft vermehrt dazu übergegangen, diese Phasen wieder aufzuweichen. Trauern ist ein individuelles Phänomen, das sich nur schwer in Kategorien und Phasen einteilen lässt. Manchmal überspringt ein Trauernder eine dieser vermeintlichen Phasen, manche durchlebt er vertiefter oder wiederholt.

Was können wir aus der Trauer lernen – speziell dann, wenn es um den Tod geliebter Menschen geht? Das Leben ist endlich, das wissen wir alle. Statt diesem Ende ängstlich entgegenzublicken, scheint „Carpe Diem" die bessere Wahl zu sein – Genieße jeden Tag. Wir sollten den wahren Wert der Dinge nicht erst dann erkennen, wenn wir um sie trauern. Die Beziehung zu etwas, das uns lieb ist, ist wertvoll – das können wir aus der Trauerarbeit lernen. Im Übrigen empfiehlt Thomas Multhaup, für diese Bewältigung auch neue, eigene Wegen zu gehen. Wir müssen nicht ein Jahr Schwarz tragen, um einem geliebten Menschen zu gedenken, sondern können die Bewältigung auf eine Weise gestalten, die demjenigen gerecht wird, der von uns gegangen ist und dem Trauernden selbst entspricht. Dazu gehört ein Zurückbesinnen und Gedenken ebenso, wie frischer Lebensmut und Lebensfreude.

Literaturvorschläge und Hinweise zur Trauerbewältigung

Empfehlenswert ist das Buch Kachler, Roland: *Meine Trauer wird dich finden: Ein neuer Ansatz in der Trauerarbeit*; Kreuz Verlag. 2005. Mit zahlreichen Praxistipps ist das Buch ein sinnvoller Ratgeber zum Thema Trauerbewältigung mit dem Ansatz, den Verstorbenen nicht bloß loszulassen, sondern seinen Tod so zu kompensieren, dass daraus keine seelischen Störungen erwachsen.

Ebenfalls eine gute Trauerberatung bietet das Buch Wolf, Doris: *Einen geliebten Menschen verlieren: Eine Begleitung durch die Trauer*; PAL. 2003. Hilfreich vor allem für Betroffene, die sich aktiv mit der Trauer auseinandersetzen möchten und nach Hilfestellungen suchen, um nicht darin zu versinken. Auf sehr konstruktive Weise liefert das Buch hierfür wertvolle Tipps und Strategien.

Weitere Informationen zum Thema bietet beispielsweise die Webseite der Autorin unter der Adresse www.selbsthilfe-beratung.de, speziell unter dem Stichwort *Trauer*.

Hilfe können Angehörige auch bei den entsprechenden Bestattungsinstituten erhalten, die über weitere Adressen, Strategien und Anlaufstellen informieren können.

Vor allem für Kinder und Eltern interessant: Die Diakonie Deutschland hat zahlreiche Informationen und Tipps zusammengestellt, wie Kinder trauern. Sie finden die Broschüre unter der Adresse www.diakonie.de unter den Stichworten *Journal – Gesundheit und Pflege – Hospiz – Broschüre: Wie Kinder trauern.*

Jochen Wollmert: Fair geht vor

Goldmedaille trotz Rückgabe ungerechtfertigter Punkte

Am 22. November 1964 kam Jochen Wollmert mit einer Behinderung zur Welt. Er leidet an Arthrogryposis multiplex congenita, kurz AMC. In seinem Fall bedeutet das eine Versteifung der Fuß- und Handgelenke, die sich auch auf seine Arme auswirkt. Jochen Wollmert kann mit den Füßen nicht richtig abrollen, seine Handgelenke stehen in einem Winkel von etwa 90 Grad von seinen Armen ab. „Ich stampfe ein bisschen wie ein Storch durch den Salat", erzählt er lachend. „Wenn Jochen Wollmert durch die Gänge läuft, dann hört man ihn auch."

In den ersten drei Jahren seines Lebens befand er sich häufig im Krankenhaus, allein zwölf Operationen waren nötig, um seine Beine zu korrigieren. „Es hätte schlimmer kommen können, ich möchte mich nicht beklagen. Ich kann laufen, Auto fahren und brauche auch sonst keine Hilfsmittel." Zwar gibt es Tätigkeiten, die durch das Handicap erschwert werden, eine wirkliche Barriere stellen sie aber nicht dar. Jochen Wollmert hat sich damit arrangiert. „Ich kann kein 10-Finger-System tippen, dann schreibe ich halt mit ein paar wenigen Fingern. Das geht auch."

Das Ausmaß seiner Behinderung wurde ihm erst im Laufe der Zeit bewusst. Im Kindesalter drehten seine Eltern ein Urlaubsvideo. Als sich Jochen Wollmert diese Aufnahmen ansah, bemerkte er die Andersartigkeit seiner Gliedmaßen. „Ich bewegte mich anders und sah, dass ich auf eine gewisse Art nicht normal war. Das ist vergleichbar mit der eigenen Stimme, wenn sie zum ersten Mal aus einer anderen Quelle gehört wird. Sie klingt zunächst fremd und hört sich komisch an."

Während seiner Jugend probierte Jochen Wollmert zahlreiche Sportarten aus. Fußball, Tennis, Badminton und Handball, doch wegen seiner Behinderung erwies sich der Sport als schwierig. „Ich habe viel probiert, aber es ging einfach nicht richtig. Beim Handball stand ich die meiste Zeit im Tor. Meine Reflexe waren gut, aber den Ball konnte ich nur schwer greifen." Im Alter von 17 Jahren rekrutierte ihn ein Klassenkamerad für die Tischtennismannschaft seines Vereins. Es sollte eine der folgenschwersten Entscheidungen seines Lebens sein.

Der Verein unterschied nicht zwischen Behinderten und Nicht-Behinderten. „Etwa ein halbes Jahr lang wurde ich von einem Trainer betreut – das war klasse. Bei Spielern unter 18 Jahren ist das im Tischtennis keine Seltenheit", erzählt er. Anschließend wechselte Jochen Wollmert in die Herrenmannschaft der dritten Kreisklasse und besetzte die Position sechs – das ist die niedrigste der möglichen Positionen im Tischtennis – und konnte erste Erfolge erzielen.

Nach dem Schulabschluss 1987 begann er eine Ausbildung, doch den Sport vergaß er nicht. Das Tischtennis war Teil seines Lebens geworden, Teil seines Alltags und Teil jener Dinge, aus denen Jochen Wollmert Motivation und Spaß zu schöpfen vermochte. „Feierabend war immer um etwa 16:30 Uhr. Da ist der Abend ja noch jung, da kann man noch etwas machen. Also bin ich Tischtennis spielen gegangen." Er spielte sich bis zur Kreisliga hoch, das sind einige Stufen über der 3. Kreisklasse.

Schließlich wechselte er in einen Behindertensportverein. Die Suche nach einem passenden Verein erwies sich zunächst als schwierig. Zwar gab es Listen beim Sportamt potenzieller Ansprechpartner, die jedoch häufig veraltet waren. Als er schließlich einen geeigneten Verein fand, kniete er sich in den Sport hinein.

„Ich merkte dort, dass es sehr viele verschiedene Arten von Behinderungen gab. Mit meiner Körperbehinderung lag ich ungefähr im Mittelfeld." Ihm bot sich die Möglichkeit, bei einer Mannschaftsmeisterschaft mitzuspielen. Ein Jahr später ging er bei einer Einzelmeisterschaft an den Start und erreichte den vierten Platz. „Ein bisschen ernüchtert über diese Platzierung war ich schon. Die haben mir echt meine Grenzen aufgezeigt", erzählt Jochen Wollmert. „Aber das hat auch meinen Ehrgeiz geweckt. Ich wollte denen, die besser waren als ich, zeigen, dass auch ich mich verbessern kann."

Dieser Ehrgeiz machte sich bezahlt, 1988 konnte er bei der gleichen Meisterschaft den zweiten Platz belegen. Er wäre gerne zu den bevorstehenden Paralympics mitgefahren, aber man wollte ihn nicht dabei haben. Große Hoffnungen hatte er sich allerdings eh nicht gemacht.

Im darauffolgenden Jahr konnte er seine Leistungen weiter verbessern. 1989 gewann Jochen Wollmert seine erste Deutsche Einzelmeisterschaft im Tischtennis und wurde für die Europameisterschaft nominiert. Dort wurde in acht Gruppen gespielt, jeder trat gegen jeden an. „Anders als heute wurden damals noch zwei Sätze zu je 21 Punkten gespielt – heute sind es drei Sätze zu je 11 Punkten. Ein Spiel gegen einen anderen Deutschen habe ich direkt verloren." Die anderen Spiele aber gewann er. „Meine Gegner haben sich in den folgenden Spielen gegenseitig noch einige Punkte abgenommen – und schwuppdiwupp stand ich auf Platz eins!" Europameister. Ein Jahr später wurde Jochen Wollmert Weltmeister. „Das war ein ganz besonderes Gefühl, so weit oben zu stehen. Aber ich merkte auch: Vorher war ich der Jäger, jetzt wurde ich zum Gejagten."

1992 nahm er an seinen ersten Paralympischen Spiele in Barcelona teil und erreichte den dritten Platz. 1996 gewann er in

Atlanta Gold. „Das war ein Riesenerfolg für meine Mannschaft. Im Halbfinale haben wir ein Match bei einem Rückstand von 0:2 noch gewinnen können. Das war schon unglaublich." Vier Jahre später holte er in Sydney ebenfalls Gold. Jochen Wollmert erinnert sich gerne daran: „Die Paralympics sind etwas ganz Besonderes. Die Eröffnungsfeier, die Atmosphäre, die Nähe zu den anderen Sportlern und jeden Morgen der wundervolle Blick auf das Olympische Feuer."

Als der Bundestrainer aufhörte, wurde Jochen Wollmert von dessen Co-Trainer weitertrainiert. Es folgten die Weltmeisterschaft, die Europameisterschaft, Silber bei den Paralympischen Spielen in Athen und schließlich Gold in Peking 2008.

„China ist eine Hochburg des Tischtennis. Das war toll. Für einen Tischtennisspieler ist es wirklich das Größte, im Land des Tischtennis spielen zu dürfen." Auf ungefähr vierhundert Million Chinesen kommen etwa sechshunderttausend Deutsche Tischtennisspieler. Zwar leben in China auch deutlich mehr Menschen, der relative Unterschied ist dennoch beachtlich.

In Peking sog Jochen Wollmert die ganze Energie der Eröffnungsfeier in sich auf, er wollte die wundervolle Atmosphäre in die Spiele hineintragen. Die Feier dauerte bis in die Nacht hinein, und da sein erstes Spiel direkt für den folgenden Morgen geplant war, fand er nur wenig Schlaf. Jochen Wollmert trat gegen einen jungen Engländer an, der eine Schlüsselrolle in seinem Leben spielen sollte. Aber zu diesem Zeitpunkt wussten beide noch nichts davon. Im Finale schlug er einen Chinesen. „Das war unglaublich, und das in China! Die Chinesen waren sehr fair, das muss man sagen, sie haben auch für mich geklatscht. Das Match war wirklich knapp, der Chinese Chaoqun Ye ist immer wieder rangekommen. Letztlich habe ich dann doch gewonnen und war überglücklich."

In Peking lernte er auch seine jetzige Frau kennen. Sie wohnte in Berlin, wo er sie häufig besuchte. Dass er dadurch weniger Zeit für das Training hatte, nahm er in Kauf. „Ich habe schon gemerkt, dass ich meine Leistung nicht ganz halten konnte. Aber ich hatte die Paralympics in London als nächstes Ziel vor Augen und habe zu mir gesagt: Jochen, da musst du hin!"

2011 erreichte er bei den Europameisterschaften lediglich den vierten Platz – mit fatalen Folgen. Aufgrund dieser Platzierung fiel er aus der Förderung der Deutschen Sporthilfe, die dazu beiträgt, das Trainingspensum auch neben der Arbeit erfüllen zu können. Keine Förderung bedeutete, dass eine Arbeitszeitverkürzung nicht mehr möglich war. Weil sich Jochen Wollmert auch ehrenamtlich engagierte, war die Zeit ohnehin knapp bemessen. Jetzt musste er sein Training zusätzlich mit einem Vollzeitjob vereinbaren.

„Das war ein echter Rückschlag. Ich denke, man hatte entschieden, dass meine Zeit vorüber sei. Man setzte einfach keine Hoffnungen mehr in mich, im Alter von 47 Jahren bei den anstehenden Paralympics in London eine Chance auf eine Medaille zu haben. Es war nicht leicht, 20 Stunden Training pro Woche zusätzlich zur 40 Stunden Arbeitswoche mit dem normalen Leben zu verbinden. Mein Heimtrainer Volker Ziegler hat mich aufgemuntert. Ich habe ja selbst an mir gezweifelt, aber er glaubte an mich." Und Jochen Wollmert glaubte an sich. 2012 spielte er manch schlechtes Turnier. Aber auch einige gute.

Es folgten die Paralympics in London. Kühles Wetter und eisiger Wind begleiteten zunächst die Spiele. Der Atmosphäre bei der Eröffnungszeremonie konnte dies dennoch keinen Abbruch tun. Statt sich im Olympischen Dorf aufzuhalten, trainierte Jochen Wollmert auch außerhalb der regulären Trainingszeiten.

Er verabredete sich privat mit anderen Sportlern und bereitete sich so auf den kommenden Wettkampf vor. Seine Behinderung und die fehlende Förderung sollten nichts daran ändern, dass er kämpfen wollte.

Im ersten Spiel trat er gegen den ehemaligen tschechischen Meister Zbynek Lambert an – und gewann das Match. „Am nächsten Tag hatte ich frei. Ich konnte die Zeit nutzen, um meine Fehler aufzuarbeiten." Ein freier Tag war etwas Ungewöhnliches, am darauf folgenden Tag standen dafür gleich drei Begegnungen an. Doch er war nicht allein. Jochen Wollmerts Heimtrainer kam in seinem alten Passat mit der Fähre nach London und stand ihm bei. „Er hat mir signalisiert: Jochen, du bist nicht allein, du bist mir wichtig. Mir hat das sehr viel bedeutet." Mindestens genauso wichtig war Jochen Wollmert, dass seine damalige Freundin und heutige Frau, die er ja bekanntlich in Peking bei den Paralympics kennen und lieben gelernt hat, mit dabei war. „Es ist ein gutes Gefühl zu wissen, dass Menschen die einen lieben und einem wichtig sind, auf der Tribüne hautnah mit dabei sind."

Die nächsten beiden Spiele konnte er für sich entscheiden. Dem dritten Spiel kam eine Sonderrolle zu. „Ein Ukrainer. Einer der besten Tischtennisspieler der Welt. Er hatte eine Spastik am Handgelenk. Er warf den Ball hoch für den Aufschlag – und schlug daneben. Ich denke, da hatte ihm seine Behinderung einen Strich durch die Rechnung gemacht." Das Regelwerk ist in solchen Fällen klar. Der Schiedsrichter sprach Jochen Wollmert diesen Punkt zu. Er wollte ihn aber nicht haben. „Das wäre nicht fair gewesen. Ich gab den Punkt zurück. Glücklicherweise haben sich die Schiedsrichter darauf eingelassen." Jochen Wollmert gewann dieses Match trotzdem.

„Ich hatte einen Traum und ein Ziel – Finale, das war mein Wunschziel. Und ich habe es tatsächlich erreicht. Die Freude war riesengroß. Ich denke, nur wenige hatten damit gerechnet, Jochen Wollmert nochmal im Finale zu sehen." Das letzte Match, das über Silber oder Gold entscheiden sollte, fand am folgenden Tag statt. Die Nacht davor wurde kurz, Jochen Wollmert schlief nicht gut. Der vorherige Sieg, vor allem aber das kommende Spiel beschäftigten ihn. Sein Gegner war jener Engländer, gegen den er bereits in Peking gespielt hatte. Damals hatte Jochen Wollmert zwar gewonnen – in allen zehn Begegnungen danach aber eine Niederlage erlitten. Es würde kein leichtes Match werden.

Den ersten Satz konnte er für sich entscheiden. In der Halle herrschte eine enorme Lautstärke. „So eine Stimmung habe ich noch nie erlebt. Stellenweise konnte man den Ball kaum hören, was im Tischtennis nicht ganz unwichtig ist. Je nach Ton lässt sich auf den Schnitt im Ball schließen. Dumpfer Knall, starker Schnitt, heller Knall, leichterer Schnitt. Die Stimmung jedenfalls war großartig."

Im zweiten Satz stand es 4:5 für William Bayley, als Jochen Wollmert den nächsten Ball spielte. Die Schiedsrichterin hatte den Ball von der Kante nach oben abprallen sehen – Punkt für Wollmert. Er aber hatte das nicht so gesehen. Den Punkt, der ihm zugesprochen wurde, wollte er nicht. „Natürlich ging es da um viel – aber unfair wollte ich auf keinen Fall gewinnen. Der Ball war nicht auf der Kante, das war kein Punkt für mich. Eigentlich gilt das, was der Schiedsrichter sagt, ob es nun fair ist oder nicht. Das finde ich aber nicht in Ordnung. Den Punkt zurückzugeben war für mich völlig selbstverständlich – und das würde ich auch wieder so machen."

Jochen Wollmert verlor den Satz. Doch er gewann die beiden folgenden. Und er gewann Gold. „Das war unglaublich. Während der letzten beiden Sätze habe ich schon gemerkt: Es läuft! Als ich dann gewonnen hatte, bin ich meinem verantwortlichen Trainer Hannes Doesseler in die Arme gefallen und habe ihn zu einem „kleinen Stabilitätstest" gezwungen", erzählt er mit einem Augenzwinkern.

Es ist eine freundliche Geste und Formalie, nach dem Spiel seinem Kontrahenten die Hand zu geben. Jochen Wollmert wollte dem nachkommen und hielt nach dem Engländer Ausschau, konnte ihn aber nicht finden. „Ich sah mich um, aber Bayley war verschwunden. Dann erkannte ich ihn. Er lag auf dem Boden und weinte. Ich bin sofort hin." Jochen Wollmert tröstete ihn und nahm ihn in den Arm. „Ich sagte ihm, er hätte ein tolles Spiel abgeliefert. Dass er viel erreicht hätte und mit seinen jungen Jahren noch viel vor sich habe." Kurzerhand erklärte er beide zu Gewinnern. Dieses Bild der beiden dominierte in diesen Tagen die Sportpresse.

Für Jochen Wollmert sind diese Dinge selbstverständlich. Für den Sport im Allgemeinen sind sie das häufig nicht. Jochen Wollmert wurde für den Fair-Play-Preis vorgeschlagen – und bekam ihn. Er wurde als Behindertensportler des Jahres nominiert – und wurde es. Außerdem verlieh man ihm den Preis „Sportler mit Herz".

„Ich konnte das alles kaum glauben. Sportler mit Herz, das hätte ich alles nicht erwartet. Das ich für diese Auszeichnung nominiert wurde, hat mich schon riesig gefreut. Fairplay ist für mich ganz normal, das ist selbstverständlich. Punkte, die mir nicht zustehen, will ich nicht haben. Ich glaube, als ich den Preis in der Hand hielt, habe ich ihn fast fallen lassen. Da waren Menschen, die mir zugejubelt haben bei der Preisverleihung und die sich gar nicht mehr setzen wollten. Das hat mich wirklich sehr bewegt." Auf internationalem Parkett erhielt Jochen Wollmert dann noch im Jahr 2013 den Pierre de Coubertin Award. Die weltweit höchste Auszeichnung für Fair-Play im Sport. Als erster Behindertensportler und erster Tischtennisspieler weltweit.

2012 war ein goldenes Jahr, wie Jochen Wollmert zu sagen pflegt. Nicht nur wegen des Goldes bei den Paralympics, sondern vor allem wegen des Kindes, das er und seine Freundin im Februar 2013 erwarteten. Jochen Wollmert hat gekämpft, immer aufs Neue. Manchmal wird er gefragt, ob er nicht ohne die Behinderung besser dran gewesen wäre. Aber daran will er gar nicht denken. Für ihn ist das kein Problem, er hat sich damit arrangiert. Es gibt eben nur diesen Jochen Wollmert, sagt er. Und das ist auch gut so.

Mittlerweile haben Jochen Wollmert und seine Freundin Steffi Müller geheiratet. Vollkommen wird die Familie, wenn sie zu ihrem Sohn noch eine Tochter im Juli 2014 bekommen. Sportlich geht es trotzdem weiter. Zunächst mit der Weltmeisterschaft in diesem Jahr (2014) in seinem „Wohnzimmer", wie Jochen Wollmert den Austragungsort Peking bezeichnet. Und als großes Ziel soll es auch noch einmal nach Rio de Janeiro 2016 gehen. Dann hätte Jochen Wollmert sieben Mal an den Sommer-Paralympics teilgenommen.

Fair handeln und sich gegen Unfairness wehren

Fachinterview mit Dr. Norbert Copray, Direktor der Fairness-Stiftung gem. GmbH

Fairness ist in unserer heutigen Gesellschaft keine Selbstverständlichkeit. Fairness sucht man aber auch nicht vergebens – Geschichten wie die von Jochen Wollmert sind Beispiele dafür, wie Fairness geht. Wir sprechen mit Dr. Norbert Copray, Direktor der Fairness Stiftung gem. GmbH und fragen ihn: Warum aber handeln wir manchmal fair und manchmal nicht?

Jochen Wollmerts Entscheidung, eine in seinen Augen unfaire Entscheidung des Schiedsrichters zurückzuweisen, trifft für Norbert Copray den Kern dessen, was Fairness meint: eigene Vorteile nicht zum Nachteil eines anderen auszunutzen. Den eigenen Vorteil zu nutzen, ist eine ganz natürliche menschliche Neigung. Um jedoch sicherzustellen, durch das eigene Verhalten einer anderen Person nicht zu schaden, braucht es eine innere, faire Haltung. Das funktioniert nur mit ausgeprägter Achtsamkeit, die zur Gewohnheit wird, wenn in solchen Situationen reflektiert und bewusst gehandelt wird. Dann können die Momente erkannt und als unfair identifiziert werden.

Das Empfinden von Fairness ist ein Zusammenspiel aus angeborenem Verhalten und menschengemachten Normen des positiven Miteinanders. Jeder Mensch hat eine Fairness-Intuition, ein Gespür dafür, was gerecht und was ungerecht ist. Schon kleine Kinder besitzen es und können fair handeln. Die Wissenschaft geht davon aus, dass diese Intuition auf sogenannte Spiegelneuronen zurückzuführen ist. Das sind Nervenzellen, die uns dazu befähigen, das Verhalten anderer so wahrzunehmen, als führten wir es selbst aus. Spiegelneuronen befähigen uns, uns in andere Menschen hineinzuversetzen.

Um stets fair zu handeln, reichen unsere Spiegelneuronen allerdings nicht aus. Die Fairness-Intuition muss daher durch Erziehung und Schulung unterstützt werden, um nachhaltig wirken zu können. Im besten Fall beginnt dieser Lernprozess bei Kindern etwa ab der ersten Klasse – dann nämlich beginnen sie zu lernen, durch unfaire Mittel einen Nutzen für sich zu erzielen. Es ist ein wechselseitiger Prozess: Wer sich häufig benachteiligt fühlt, neigt dazu, die Fairness-Intuition nicht weiter auszuprägen. Daher ist es wichtig, nicht nur selbst fair zu handeln, sondern auch fair behandelt zu werden. Beide Entwicklungen, hin zur Fairness oder zur Unfairness, können sich gegenseitig verstärken.

Fairness findet auf zwei Ebenen statt. Zum einen gibt es die zwischenmenschliche Fairness, die uns im Alltag ständig begegnet, beispielsweise im Straßenverkehr, wo, um schneller ans Ziel zu kommen, nicht selten auf Kosten der Fairness gefahren wird. Oder bei Kritik, die, mit verletzenden Worten vorgetragen, nicht immer konstruktiv ist und daher eine unfaire Behandlung des anderen darstellen kann. Zum anderen gibt es Systeme, die unfaires Verhalten fördern, zum Beispiel die Finanzkrise, Bankberater, die treffender Bankverkäufer hätten heißen sollen. Oder verklausulierte AGB, dessen Tragweite ein normaler Mensch häufig nicht zu überblicken vermag. Solche Systeme sind der Fairness nicht dienlich, im Gegenteil, sie unterstützen unfaires Verhalten sogar.

Eine von der Fairness Stiftung durchgeführte Studie ging der Frage nach, was wir überhaupt unter dem Begriff Fairness verstehen. Das erfreuliche Ergebnis: 96% der mehr als 1000

Befragten gaben an, unter Fairness Rücksichtnahme zu verstehen, noch vor Respekt und Gerechtigkeit (jeweils 95%).

Rückblickend ist festzustellen, dass die Gesellschaft damit eine sehr kluge Antwort auf die Frage, was Fairness ist, gegeben hat. Auch Jochen Wollmert hat nach dem Prinzip der Rücksichtnahme gehandelt: Durch seinen Einspruch gegen die Schiedsrichterentscheidung hat er auf den Nachteil seines Gegenspielers Rücksicht genommen und seinen Vorteil nicht ausgenutzt.

Was können wir aus Jochen Wollmerts Verhalten lernen? Dreierlei, sagt Norbert Copray. In dem kurzen Moment, in dem der Schiedsrichter eine Entscheidung fällen musste, konnte er kaum über Fairness und Unfairness entscheiden. Jochen Wollmert aber sah, wie der Ball sprang und erkannte, dass die Schiedsrichterentscheidung zu seinem Vorteil auf unfaire Weise zustande gekommen war. Statt diesen Vorteil auszunutzen, legte er Einspruch ein.

Wenn Jochen Wollmert ein Spiel verlor, weil er die Schiedsrichterentscheidung nicht zu seinem Vorteil nutzte, war er im Nachhinein nicht sauer – weder auf seinen Gegner, noch auf sich selbst. Diese Gelassenheit, mit der Fairness und den damit verbundenen Konsequenzen umzugehen, ist vorbildlich.

Und nicht zuletzt erklärte Jochen Wollmert nach dem letzten Spiel nicht nur sich, sondern auch kurzerhand seinen Gegner zum Sieger. Damit bricht er mit einem Trend, der auch in den Medien zu finden ist: Lediglich die Bestplatzierten werden genannt, alle anderen kaum beachtet – ungeachtet der Leistung, die, auch wenn es nicht zum ersten Platz gereicht hat, sehr lobenswert sein kann. Mit einem beispielsweise „unglücklichen" vierten Platz ist häufig auch eine Abwertung sowohl der Person, als auch seiner Leistung verbunden. Wenn wir diese Strukturen aufbrechen, kann das dazu beitragen, faires Verhalten, auch wenn es mit einem persönlichen Nachteil verbunden ist, zu fördern.

Adressen und Literaturhinweise zur Fairness

Copray, Norbert: *Fairness – Der Schlüssel zu Kooperation und Vertrauen*; Gütersloher Verlagshaus. 2010 sowie

Copray, Norbert: *Fairness kompakt – Zusatzmaterialien zum Buch Fairness*; Fairness-Stiftung 2010.

Beide Bücher sind über das Internetformular der Fairness-Stiftung ermäßigt zu 15 Euro bzw. 8 Euro (inkl. Porto) erhältlich unter der Adresse www.fairness-stiftung.de.

Weitere Literatur zum Thema Fairness und seinen 50 Aspekten finden Sie auf www.fairness-stiftung.de/Buchtipps.htm.

Eine Zusammenstellung zahlreicher Adressen, Beratungsstellen und praktischen Hilfen finden Sie zudem auf www.mobbingscout.de. Es gibt eine Hotline, bei der Sie hilfreiche Tipps und Ratschläge bekommen, wie mit unfairen Attacken und unfairen Situationen in Konflikten positiv umgegangen werden kann.

Informationen zur Fairness-Qualität von Unternehmen gibt es unter der Adresse www.fairness-check.de. Gerade vor dem Einkauf in Supermärkten kann sich hier ein Blick lohnen. Die Webseite bietet Informationen über beispielsweise die Fairness in Bezug auf die Umwelt, den Wettbewerb, die Kunden und die Beschäftigten.

Wolfgang Hock: Mit Zorn und Zärtlichkeit

Die unglaubliche Geschichte Josef Otters

Ein einziges Mal habe ich meinen Freund Josef Otter, von dem ich hier erzähle, weinen sehen. Am 13. Oktober 1996, als sein Freund, der Menschenrechtsanwalt Josue Giraldo, beim Verlassen seines Hauses von gekauften Mördern erschossen wurde. Gemeinsam hatten sie die Schicksale von willkürlich Ermordeten, Entführten und Gefolterten öffentlich gemacht. Sie hatten Menschenrechtsverletzungen und das Verschwinden von Menschen, die in die Fänge der Armee geraten waren, angezeigt. Bis heute genügt das, um in Kolumbien zur Zielscheibe von Paramilitärs zu werden.

Josef hatte Josue gewarnt: „Sei vorsichtig, zieh dich zurück, sie bringen dich um."

Josue, verheiratet und Vater zweier kleiner Kinder schrieb: „Um mich selbst habe ich keine Angst. Furcht, ja, Furcht, aber um meine Familie, meine Frau, meine Töchter. Es ist eine Furcht, die mich nicht schlafen lässt ob der Tatsache, dass sie mir eine Bombe ins Haus legen könnten, meinen Kindern etwas antun. Das liegt mir ununterbrochen auf der Brust. Aber der Gedanke, aufzugeben, erscheint mir noch feiger. Ich bin verantwortlich für dieses Werk, für meinen kleinen Kampf für die Menschlichkeit. Ich will wegen der Drohungen, selbst wenn mein Tod bevorsteht, meine Freiheit nicht meinen Henkern opfern. Ich lehne das ab. Gott und nicht die Kriminellen entscheiden über Leben oder Tod. Aufgeben erscheint mir schrecklicher als der Tod."

Josefs Tränen waren Tränen der Trauer und des Zorns über den Mord an seinem Weggefährten.

1973, als Priester im Alter von 27 Jahren, war Josef Otter nach Kolumbien gegangen, in ein Land, in das niemand wollte, wo Guerilla, paramilitärische Banden, Armee und Privat-Söldner der Großgrundbesitzer, Autodefensas genannt, um Land, Cocafelder und Vorherrschaft kämpften und grausigste Morde begingen. Wo Malaria, Gelbfieber und Dengue täglich das Leben der Armen bedrohten, wo man die Ermordung eines Menschen durch bezahlte Sicarios für gerade einmal 30 DM kaufen konnte.

„Es waren die schönsten Jahre meines Lebens, in der Freiheit der Llanos, der unendlichen Ebenen Kolumbiens, bei den bodenständigen und fröhlichen Campesinos, den Kleinbauern ", erzählte er mir später. Sein Buch über diese Zeit trug den Titel: In die unendliche Freiheit. Warum ließen ihn dieses Land, „seine Indios", die Menschen in den Elendsvierteln 15 Jahre lang nicht los?

„In den schlimmsten Slums... traf ich eine Kirche an, die mit den Armen lebte. Sie hatte einen Positionswechsel von der ihr nachgesagten reichen Seite auf die Seite der Armen vollzogen."

Und er lebte diesen Wechsel begeistert in einer Pfarrei mit etwa 25.000 Indios in Streusiedlungen in einem Radius von 200 km. Indios, die sich mit Pfeil und Bogen gegen den Landraub und die Vertreibung durch Großgrundbesitzer wehren wollten.

Sein erstes Pfarrhaus war eine Hütte ohne Haustür, ohne Licht. Gewaschen und gebadet wurde im anliegenden Teich. Eines Nachts, als er müde unter das Laken kriechen wollte, spürte er etwas Kaltes, Glattes und sprang instinktiv zurück, weil er an eine der vielen dort heimischen Giftschlangen dachte. Bei Kerzenlicht wich sein Schreck: Ein Leguan kroch heraus, einer der vegetarischen Räuber, die tagsüber sein Salatbeet plünderten. Beim Erzählen dieser und ähnlicher Anekdoten musste man sich einfach von seinem herzlichen, aus tiefer Brust kommenden Lachen und seiner entwaffnenden Fröhlichkeit anstecken lassen.

Lange vor der Ermordung von Josue Giraldo, kurz nachdem er seine Arbeit begonnen hatte, machte Josef Erfahrungen, die gefährlicher waren als das Gift der Schlangen. Er erzählte: „Es war die Gier der Menschen, der Großgrundbesitzer. Ein reicher Viehzüchter herrschte nach seinem eigenen Gesetz. Er nannte 100.000 Hektar Land mit mehr als 10.000 Rindern sein eigen, unendlicher Besitz, der nicht einmal eingezäunt war. In seiner unersättlichen Gier wollte er einen benachbarten Kleinbauern zum Verkauf seines kleinen Ackers zwingen. An einem Samstagabend stürzte die Frau des Campesinos in meine Hütte und schrie weinend ihren Schmerz heraus: ‚Padre, er und seine Söhne haben meinen Mann erschossen.'

Ich tröstete die Frau so gut ich konnte und versprach Hilfe. Am nächsten Tag, Sonntagmorgen, sah ich beim Blick aus meiner Sakristei den Mörder und seine Frau auf seinem stolz beanspruchten Platz in der ersten Bank sitzen, als sei kein Verbrechen geschehen. In Sekunden musste ich mich entscheiden, wie ich reagiere. Die Kirche war voll besetzt, alle wussten, dass der Mörder und seine Frau dort saßen und auch, dass ich davon wusste. Kein Husten, kein Räuspern, als ob alle den Atem anhielten. Ich trat vor die Verbrecher und rief mit den härtesten Worten, die die spanische Sprache kennt: ‚Haut ab aus meiner Kirche!' Mit zornroten Köpfen gingen sie hinaus. Durch diesen Rauswurf wurde öffentlich, auf wessen Seite ich – und damit die Kirche in dieser Pfarrei – stand. Von jetzt an wurde ich tagtäglich mit neuem, ähnlichem Unrecht konfrontiert, von dessen Existenz ich vorher nichts gewusst hatte. Von jetzt an hatte ich, hatte unser Pfarreiteam, einen Todfeind, nicht nur den Mörder, sondern alle Großgrundbesitzer. Ich wurde wegen ‚Subversion‘ angezeigt und der Fall ging bis vor den Präsidenten. Nur die uneingeschränkte und engagierte Rückendeckung durch unseren Bischof bewahrte mich vor der Ausweisung. Von nun an füllte sich meine Akte beim DAS, der Staatssicherheitspolizei. Ich musste häufig zu Verhören erscheinen und man drohte mir mehrmals mit Ausweisung. Auch zu mir kamen ‚Pistoleros‘, die mich einschüchtern sollten.

Der Ermordete Kleinbauer Raul Correa Martinez wurde nur 28 Jahre alt. Er hinterließ seine Frau und vier unmündige Kinder. Wir haben ihr entfernt von unserer Pfarrei zu einer neuen Existenz verholfen. Im Dorf wäre sie als Tatzeugin ihres Lebens nicht sicher gewesen. Der Mörder kam acht Tage nach seiner Festnahme wieder frei, straflos. All unser Protestieren über den Gouverneur bis hin zum Präsidenten half nichts. Damals versuchte ich den Fall laut Gerichtsakten in der kirchlichen Campesino-Zeitung ‚El Campesino‘ öffentlich zu machen. Der Chefredakteur lehnte den Beitrag mir gegenüber sehr energisch ab – man könne sich nicht in die Politik einmischen!

Wir wandten uns an die Zeitschrift ‚Alternativa‘, die von Gabriel García Márquez herausgegeben wurde, der 1982 den Literaturnobelpreis erhielt. Dort wurden der Bericht über den ungesühnten Mord und unser Protest gedruckt. Wir bestellten genügend Hefte und benutzten sie in unseren pfarrlichen Alphabetisierungskursen für Erwachsene. Es ging uns um ‚Concienticación‘, um Bewusstmachung, Bewusstwerden des Volkes.“

Josef war ein furchtloser Kämpfer. Als ihn die Guerilla einmal nachts bei ihren verbreiteten Straßensperren anhielt, wo sie Reiche, Soldaten oder Militärs als Geiseln nahm, sagte er ihnen ins Gesicht, dass sie längst ihren Kampf für die Rechte der Kleinbauern zugunsten von Drogenhandel und Landbesitz verraten hätten, dass sie ihn entführen könnten, aber aus Deutschland keinen Pfennig für ihn bekämen. Dafür werde er sorgen. Deshalb und weil er im ganzen Umland als Kämpfer für die Armen bekannt war, ließen sie ihn unbehelligt weiterfahren.

So zornig er den Mächtigen begegnete, so anders, ja zärtlich suchte und behandelte er die Armen. 1991 hatte ich ein berührendes Erlebnis mit ihm. Wir fuhren auf einer staubigen Piste zu einem der armen Indiodörfer am Metafluss in den weiten Llanos, den Ebenen Kolumbiens. Von ihrem Land vertrieben, blieben den Ureinwohnern nur Siedlungsstreifen am Rand der Fahrspur. Das Land und den Fluss hatten die neuen Landesherren längst ausgebeutet. Zum Überleben durch Ackerbau reichte das verbliebene Land gerade eben, bei einer Missernte durch Trockenheit waren keine Vorräte übrig. Unser Jeep war bis an das Dach mit Saatgut, Reis, Kakao, Zucker, Kaffee, mit Süßigkeiten für die Kinder und ja, auch mit etwas Tabak für die Männer beladen. Einer von ihnen begrüßte uns dankbar: „Padre, wenn du nicht gekommen wärst, hätten wir verhungern müssen." Er berichtete, dass ihr Häuptling Frederico gestorben sei und führte uns zum kleinen Erdhügel des Grabes. Ein Kreuz aus zwei Latten stand darauf. Josef spendete einen Begräbnissegen und anschließend verteilten wir die Vorräte, kauften Kunsthandwerk, aus Palmblättern geflochtene Körbe, kunstvoll gefertigte Pfeile und Bögen und Hängematten.

Auf der Rückfahrt erzählte Josef, dass die Indianer nicht getauft seien. Zu oft hatte er erlebt, dass Missionare die Menschen getauft und dann vergessen hatten. „Zu einem Menschen, der hungert, muss das Evangelium zuerst in Form von Brot kommen", sagte er.

Er hatte eine Schule gebaut, jeden Monat für den Besuch eines Arztes und Zahnarztes gesorgt, ihr Land verbriefen lassen und kam selbst regelmäßig. Frederico war ein echter Freund gewesen. Ich habe Josef nie – auch in Deutschland nicht – mit dem weißen Priesterkragen oder anderen Insignien seines Priesteramtes gesehen. Äußerlichkeiten waren nie seine Sache. Er trug Shirt und Pullover. Die Indianer aber hatten beobachtet, dass er ein Kreuz um den Hals trug, und gehört, dass er ein Priester, ein „Padre" war. Sie pflanzten das Kreuz auf das Grab ihres Lieben, nicht, weil es christlicher Brauch ist – davon wussten sie kaum. Sie hatten das Zeichen gesetzt, weil Josef es trug, er, der ihnen Hoffnung, Fürsorge, Freundschaft und Mittel zum Leben gebracht hatte.

„Das habe ich von den Armen gelernt. So wie ich immer mehr von ihnen geschenkt bekam als ich geben durfte", sagte er mir auf meine Frage, warum er beim „Vater Unser" seine Hände nicht falte. Er hielt sie aneinander gelegt vor sich, nach oben offen, wie eine Schale beim Wasserschöpfen. „Und warum so?", fragte ich und er erzählte.

Mit seiner Mutter hatte er in der Hauptstadt Bogota zu tun und vor der drei Stunden dauernden Rückfahrt gingen sie eine Pizza essen. Es war warm und sie saßen auf der Terrasse, nur durch eine Brüstung von der Straße getrennt.

Während sie aßen, stellten sich zwei Straßenjungen vor die Brüstung und streckten in stummer Bitte die offenen Hände über die Mauer. Als der Wirt das bemerkte, wollte er die Kinder mit einem Stock wegprügeln. Sein Geschäft konnte Schaden nehmen, wenn die Gäste sich belästigt fühlten. Josef sprang auf und fiel ihm in den Arm. Die staunenden Kinder nahm er an die Hand, setzte sie an seinen Tisch und sagte: „Ihr seid meine Gäste". Und zum Wirt gewandt: „Und du bedienst sie!"

In Situationen wie diesen brachen sein Zorn über das Unrecht, wenn Arme litten, und seine zärtliche Liebe zu den Ausgegrenzten aus ihm heraus. Beides führte auch zur Gründung der von ihm ins Leben gerufenen Kinderheime. „Ich war nicht nach Kolumbien gekommen, um Kinderheime zu gründen, aber als ich das Elend dieser Kinder sah, konnte ich nicht nur von der guten Nachricht eines liebenden Gottes reden, ich musste zuerst etwas tun."

Sein Bischof hatte ihn an seine Seite in die Stadt geholt, als er hörte, dass sechs Stunden entfernt ein Heim für ärmste Kinder, Opfer des Bürgerkriegs, von einem einheimischen Priester unterhalten werde und dieser Spenden dafür sammle. Josef wurde hellhörig, wollte sehen, was dahintersteckte. Er fuhr aufs Land und musste sehen, dass etwa 30 Kinder in unsäglichem Dreck fast auf blankem Boden hausten, gehalten wie Vieh.

„In meiner Wut beschimpfte ich den Mann. Später erzählte er, ich habe gedroht, ihn umzubringen. Ich weiß nicht mehr, was ich im Zorn zu ihm sagte", wieder das laute, herzliche Lachen, „er lief jedenfalls davon. Noch am selben Tag fuhr ich zurück und erklärte dem Bischof, wenn er mir dieses Heim nicht überlasse, möchte ich sofort nach Deutschland zurückgehen. Ich weiß, dass ich meinen armen Bischof schockte und irgendwie erpresste. Jedenfalls begleitete er mich tags darauf zu dem ‚Heim', empörte sich wie ich und vertraute es mir an. Über Nacht war ich verantwortlich für 30 hungrige, verwahrloste Kinder."

Mithilfe von Spenden treuer deutscher Freunde und ständigen Informationen an die Wohltäter, gedruckt in der kleinen, ebenfalls von ihm gegründeten diözesanen Druckerei, begann Josefs Werk zu wachsen. Heute, 40 Jahre nach seinem Aufbruch, finden mehr als 1.300 Kinder und Jugendliche im Alter von zwei bis 18 Jahren, alleinerziehende Frauen aus den Favelas der Stadt Villavicencio in Kolumbien in seinen Projekten Unterkunft, Nahrung, Bildung und Chance auf ein menschenwürdiges Leben. Ein befreundeter mutiger Priester prangert weiterhin die Schicksale Ermordeter an. Er nennt seine Ausstellung „Bewegung gegen die Staatsverbrechen" und riskiert so täglich sein Leben. Er war Josefs Schüler.

„Weg der Hoffnung" hat Josef sein Lebenswerk genannt. Beim Propheten Jesaja mit seiner kraftvollen Sprache hat er den Titel gefunden. Der schildert, wie viele Nationen zu dem Berg strömen, wo Gott zuhause ist, wo Schwerter zu Pflugscharen werden und Speere zu Winzermessern, wo Menschen nicht mehr wissen, was Krieg ist (vgl. Jesaja 2,2-4). Es ist tatsächlich ein Weg der Hoffnung, der von einem einzigen Menschen gebahnt wurde, der sich von der Armut bewegen ließ und viele und vieles bewegt hat. Zwei eigenständige Stiftungen wurden von ihm gegründet: die namensgleiche südamerikanische Camino De La Esperanza leitet ein von Josef ausgesuchter tüchtiger Priester, die deutsche Stiftung wird ehrenamtlich durch Josefs Freunde weitergeführt.

Josef selbst starb 2006 an Pankreaskrebs. In Kolumbien wird er wie ein Heiliger verehrt, ein ganzer Vorort nennt sich „Josef der Arbeiter". Nicht ohne Grund, denn in einer Wohnungskooperative hat er 150 Flüchtlingsfamilien zu kleinen Häuschen verholfen. Und in Deutschland spenden noch heute die Menschen mit den Worten: „Für Pfarrer Otter!"

Josef Otter ist ein gelebtes Beispiel, ein glaubwürdiger Beweis gegen den resignierenden Satz: „Da kann ich nichts machen, ich alleine kann da gar nichts ändern!"

Er war ein froher, glücklicher Mensch, kaum ein Tag verging, an dem er sich nicht mit Gitarrenspiel und Gesang einstimmte, Freunde und Mitarbeiter ansteckte. Wie gut erinnere ich mich, als er in Deutschland einmal fröhlich pfeifend die Pfarrhaustreppe herabkam und seine Mutter zu mir sagte: „Wenn er des ni mecht, wird er krank."

Und er hat uns das Geheimnis seiner freudigen Ausstrahlung verraten: „Mach doch deine Hände leer, du erstickst an dem, was du hast. Glücklich macht auf die Dauer nur, was du an Zeit oder Geld an andere herschenkst."

Wolfgang Hock leitet die Stiftung der Hoffnung, die von Josef Otter aufgebaut wurde.

Lebenskrisen als Entwicklungschance

Fachkommentar und Nachwort von Dr. Ruediger Dahlke, Bestsellerautor, Experte für die Bewältigung von Lebenskrisen

„Lebenskrisen als Entwicklungschancen" habe ich mein Buch über Krisen genannt und diese positive Wendung einer ursprünglichen Bedrohung tatsächlich oft mit Patienten und auch persönlich erleben dürfen. Die Chinesen verwenden für das Wort *Krise* zwei Zeichen, das für *große Gefahr* und das für *große Chance*. Auch wir haben die Wahl, ob wir aus der Krise eine Gefahr oder eine Chance machen. Im Griechischen bedeutet *crisis* nicht nur Krise, sondern auch Entscheidung, und tatsächlich geht es in Krisen um die Entscheidung, daran zu verzweifeln oder zu wachsen. Dies ist ein Buch über Menschen, die an Krisen gewachsen sind, ein Buch also über Hoffnung und den Willen, nicht aufzugeben, sondern Herausforderungen als Entwicklungsmöglichkeit zu nutzen. Einiges darin kann ich persönlich nachempfinden. Auch meine Tochter Naomi hat das Down-Syndrom als Aufgabe mit in dieses Leben gebracht und uns nach einer schwierigen Schwangerschaft – wir wussten ab dem 4. Monat von ihrer Besonderheit – durch ihr So-sein in wundervoller Weise beschenkt mit ihrer Liebe, ihren Gefühlen und einem intellektfreien Leben, von dem wir immer noch lernen dürfen. Rückblickend können wir sagen, es geschieht, was du dir wünschst oder etwas Besseres. Das Problem ist nur, dass wir das Leben zwar in der Rückschau verstehen können, es aber nur in der Schau nach vorn gelebt werden kann, wie bereits Kierkegaard formulierte.

Dieses Buch kann helfen, in den Beispielen bewältigter Krisen die Spielregeln des Lebens zu erkennen und Hoffnung zu schöpfen. Tatsächlich kommt es oft durch das Polaritätsgesetz so ganz anders als wir wollen und uns wünschen und es kommt gerade dann oft gut, wenn wir die Herausforderungen annehmen.

Ich habe einige Burnout-Patienten betreut und darüber ein Buch geschrieben. Das Fazit ist einfach, auch aus solch einem „Seeleninfarkt" kann man lernen und daran wachsen und wie Phönix aus der Asche auftauchen, um in ein Leben einzutauchen, das besser zu einem passt. Es ist nicht zu viel Arbeit, die Menschen im Burnout versinken lässt, sondern der Mangel an Sinn in Arbeit und Leben. Wo immer Sinn im Leben fehlt, droht Gefahr, wie schon Viktor Frankl, der Begründer der Logotherapie, formulierte. Wer andererseits seine Gabe gefunden hat, die oft in der Be*gab*ung verborgen liegt, und darin seinen Ruf erkennt und einen Beruf daraus macht, der seine Seele berührt, der kann aus vollem Herzen nahezu unbegrenzt geben. Er wird dafür brennen und niemals verbrennen.

Josef Otter hörte diesen Ruf im urchristlichen Sinn und stellt sich auf die Seite der Armen und Bedrängten, er folgte damit einem Weg, der durch Franz von Assisi und durch Christus vorgegeben worden ist. Franziskus hatte als Sohn reicher Eltern sein Leben in vollen Zügen genossen. Im entscheidenden Moment aber hatte er sich von Gott ansprechen lassen und die Armut und das vorbehaltlose Bekenntnis zu Christus dem bequemen Luxusleben vorgezogen. Er hat gebrannt für die Liebe zum Leben, das der Menschen wie der Tiere, und wurde heilig. Jung gestorben wie Josef Otter wurde er unsterblich, und beide waren weit davon entfernt, an der Schwere ihrer Aufgabe zu verzweifeln oder ins Burnout zu stürzen. Im Gegenteil gibt es von beiden bewegende Zeugnisse, wie sie das einfache Leben in Armut und Nächstenliebe in vollen Zügen genossen. Beider Leben gab nicht nur vielen Hoffnung, sondern war auch von tiefem Sinn getragen.

Sinn und Hoffnung sind die beiden entscheidenden Kriterien, um Krisen zu meistern, auch so schwere wie den Einbruch von Krankheit ins Leben. Oft habe ich in den fast 40 Jahren meiner Tätigkeit als Arzt miterleben dürfen, wie Krankheitsbilder zur Frage nach dem Sinn des Ganzen (Lebens) führten und schließlich zur Entdeckung der persönlichen Antwort. Selbst so bedrohliche Erkrankungen wie Krebs führten gelegentlich zu einem bewussteren Leben mit ungleich größeren Entwicklungschancen. Alle Deutungen von Symptomen, wie sie seit meinem Buch „Krankheit als Weg" meine Arbeit bestimmten, zielen darauf, den Sinn in den Herausforderungen des Lebens zu erkennen, um diese meistern zu können. Um Menschen bei der Sinnfindung zu unterstützen und ihnen wieder Hoffnung zu geben, habe ich vor knapp 20 Jahren „Krankheit als Symbol" geschrieben, in dem aus Krankheitssymptomen Herausforderungen, Aufgaben und Lernchancen abgeleitet wurden, und gerade erst „Das Buch der Widerstände", in dem es darum geht, äußere Probleme gleichfalls zu nutzen und auch daran zu wachsen und sich zu entwickeln.

Die Lebensgeschichten in diesem Buch hier zeigen beeindruckende Wege von Menschen, die ihre ganz eigenen Herausforderungen meisterten, weil sie sich ihnen stellten, statt sich um Schuldfragen zu kümmern. Sie verschwendeten keine Lebenszeit, um Schuldige zu suchen, zu finden und zu bestrafen. Statt Verantwortung auf andere zu projizieren oder zu klagen und auf Mitleid zu hoffen, ließen sie sich von den großen Herausforderungen fordern und fördern, packten die neue Situation an und meisterten sie. Damit stehen sie beispielhaft für das trotz und, manchmal auch gerade wegen schwerer Prüfungen, gelingende Leben.

Geschichten von bewältigten Krankheiten und Krisen können beflügeln und Mut und Hoffnung machen.

Um das andere entscheidende Thema, Sinn zu finden, ist es hilfreich, sich um die Spielregeln des Lebens zu kümmern. Besonders schwere Krankheitsbilder wie Krebs werden die Sinnfrage geradezu heraufbeschwören. Wir können dann natürlich sofort auf die psychosomatischen Zusammenhänge eingehen und im Sinne von „Krankheit als Symbol" lernen, Wachstumsimpulse nicht auf die körperliche Ebene sinken zu lassen, sondern auf geistig-seelischer Ebene einzulösen. Wer dem Krebs das aggressive Wachstum mit gnadenlosem Egotrip und Tendenz zu Selbstzerstörung abnimmt und offensives, mutiges Wachstum in Richtung Selbstverwirklichung lebt, hat die beste Chance, eine Spontanremission zu erleben, was die Schulmedizin schamhaft Wunder nennt. Aber bei einer Drohung wie Krebs wäre es auch naheliegend, noch tiefer zu dringen und die Spielregeln des Lebens zu lernen.

Das könnte mit der Frage beginnen, wer stärker ist: Das Schicksal oder ich? Es ist wichtig, sich den Aufgaben mutig zu stellen, wie die Geschichten zeigen, aber es braucht für Heilung auch Demut, die Demut des Annehmens und des *Dein Wille geschehe.* Wer glaubt, durch rechtzeitiges Früherkennen und Wegschneiden seinem Schicksal zu entkommen, denkt zu kurzsichtig. Krebs kann sich an so vielen Orten entwickeln und wollten wir sie alle vorher wegschneiden, liefe das auf das Übrigbleiben des Gehirns in Nährlösung hinaus mit wahrscheinlich großer Angst vor Gehirntumoren. Ungleich geschickter wäre es, sich den „Schicksalsgesetzen" und Spielregeln fürs Leben zu stellen, vor allem dem Polaritäts- und Resonanzgesetz. Letzteres besagt, dass wir nur die Symptome und Probleme bekommen, mit denen wir in Resonanz sind. Ersteres fordert uns auf, immer auch den Gegenpol zu beachten, um nicht in Mephistos Falle zu tappen, den Goethe im Faust sagen lässt: Ich bin ein Teil von jener Kraft, die stets das Böse will und stets das Gute schafft. Wir sind natürlich eher in der gegenteiligen Lage, wollen das Gute und ernten das Gegenteil. Nicht nur die Lichtarbeiter der Eso-Szene fallen darauf rein und ernten statt Licht und Liebe nicht selten Schatten in Form von Krankheit, Misserfolg und Armut. Aber auch alle, die ihre heiße Liebe in kalten Hass wandeln, werden Opfer des Polaritätsgesetzes, wie auch alle großen Friedenspolitiker.

Wer dagegen wie Josef Otter seinem Ruf folgt, und seine Gabe ohne Angst und Scheu gibt, kann auch gefährliche und sogar lebensbedrohliche Krisen in guter Verfassung und Stimmung überstehen. Er suchte sich mit Kolumbien eines der gefährlichsten Länder und wählte die für einen Priester gefährlichste Lebensvariante, die seines Meisters Jesus, der auch zu den Armen und Bedürftigen gehalten hatte. Als Otter den reichen Großgrundbesitzer und Mörder vor der ganzen Gemeinde aus seiner Kirche warf, stand er zu sich und seinem christlichen Verständnis und setzte dafür sein Leben aufs Spiel. Das machte den Armen Hoffnung und hatte für ihn selbst einen tiefen Sinn und so konnte er es aus ganzem Herzen tun und nicht nur überleben, sondern leben.

Epilog

Mut, Hoffnung und Lebensfreude

Haben Sie das Buch ganz gelesen? Oder nur ausgewählte Geschichten? Konnten die Fachkommentare eine Brücke von der jeweiligen Geschichte zum Allgemeinen und damit auch zu Ihnen schlagen? Und haben Sie etwas mehr Mut und Hoffnung oder Frieden für Ihren Alltag oder Erlebtes finden können? Dann haben wir unser Ziel erreicht.

Die Entstehungsgeschichte dieses Buchs begann vor einigen Jahren mit der Geschichte eines Freundes, der 8 Jahre lang an Fieber litt und durch eine Odyssee an Fehldiagnosen ging. Nach und nach wurden die Spuren der Krankheit immer deutlicher und am Ende konnte er nur noch mit Krücken laufen.

Für die Angehörigen und Freunde war es eine große Herausforderung, zuversichtlich zu bleiben und die eigene Betroffenheit nicht zu seiner zusätzlichen Belastung werden zu lassen. Wie groß muss die Herausforderung für ihn selbst gewesen sein!

Vermutlich war es eine Kombination aus Glück, Zufall und Durchhaltevermögen, die ihn schließlich zum richtigen Arzt geführt hat. Es ist seine Haltung, weswegen wir seine Geschichte aufzuschreiben begonnen. Er hätte allen Grund, über die Vergangenheit zu jammern und zu sagen: „Die Krankheit hat mir 8 Jahre meines Lebens genommen!" Er verhält sich aber genau anders herum und genießt jeden Tag. Die Genesung war wie der Beginn eines neuen Lebens für ihn und jeder Tag ist in seinen Augen lebenswert. Diese Haltung ist so bewundernswert, dass wir sie weitergeben wollten.

Alle Geschichten sind wahr und entsprechen vollständig den Schilderungen der Protagonisten. Einen Namen haben wir zum Schutz der Person und der Angehörigen geändert.

An dieser Stelle möchten wir uns ganz herzlich bei den Protagonisten bedanken, die uns einen sehr persönlichen Einblick in ihr Leben erlaubten, ebenso bei den Experten, die uns mit ihrem Wissen und ihrer Erfahrung in den Fachkommentaren unterstützten.

Gegebene Umstände mit etwas mehr Gelassenheit anzunehmen und den Blick in die Zukunft auf unsere Ziele und Wünsche zu richten bildet eine gute Grundlage für Mut, Hoffnung, Zuversicht und auch mehr Lebensfreude.

Ein Stück davon möchten wir Ihnen mit diesem Buch auf den Weg geben.

Ihre Autoren

Peter Kürsteiner & Thomas J. Lindemann

CAMINO DE LA ESPERANZA - WEG DER HOFFNUNG

„Weg der Hoffnung" ist der Name eines Hilfsprogramms, das sich hauptsächlich für Kinder und Jugendliche in Villavicencio (Kolumbien) einsetzt, aber auch Hilfe im Gesundheitsdienst und in der Flüchtlingsarbeit leistet. Es wurde von Josef Otter vor 30 Jahren begonnen.

Aus dem anfänglich bescheidenen Programm sind inzwischen zwei Stiftungen hervorgegangen, die in ihren Einrichtungen Kindern und Jugendlichen, deren Zukunft durch Bürgerkrieg, Vertreibung oder soziale Ungerechtigkeit aussichtslos geworden ist, neue Perspektiven eröffnen und sie neue Hoffnung für ihre Zukunft schöpfen lassen.

Stiftung Weg der Hoffnung
www.wegderhoffnung.de

Dieses Buch wurde realisiert mit freundlicher Unterstützung der

MainTaler-Stiftung
www.maintaler.net

Wir unterstützen dieses Buch, weil wir uns mit den Inhalten identifizieren können und es für sehr wertvoll halten. Es ist ein Buch, welches das Selbstbewusstsein stärkt, Hoffnung und Mut verbreitet. Die Maintaler Stiftung steht für

- Wahre Demokratie
- Aufgeklärte Bürger
- Ein faires Geldsystem
- Dialoge anstatt Debatten
- Ein starkes Gemeinwesen
- Konsensführende Verfahren
- Eine gewalt- und aggressionsfreie Kommunikation